FILIPPE HOLZER
PREFÁCIO DE **GUTO GALAMBA**

HOMENS FORTES, SÁBIOS E PRÓSPEROS

COMO ATIVAR A PRESENÇA, A AUTORIDADE E O LEGADO QUE TODO HOMEM NASCEU PARA CONSTRUIR

Gente editora

Diretora
Rosely Boschini
Diretora Editorial
Joyce Moysés
Editora Sênior
Audrya de Oliveira
Assistente Editorial
Camila Gabarrão
Produção Gráfica
Leandro Kulaif
Preparação
Amanda Oliveira
Capa
Miriam Lerner
Projeto Gráfico
Márcia Matos
Plinio Ricca
Diagramação
Plinio Ricca
Revisão
Bianca Maria Moreira
Renata Lopes Del Nero
Impressão
Assahi

CARO(A) LEITOR(A),
Queremos saber sua opinião sobre nossos livros. Após a leitura, siga-nos no **linkedin.com/company/editora-gente**, no TikTok **@editoragente** e no Instagram **@editoragente**, e visite-nos no site **www.editoragente.com.br**. Cadastre-se e contribua com sugestões, críticas ou elogios.

R. Dep. Lacerda Franco, 300 – Pinheiros
São Paulo, SP – CEP 05418-000
Telefone: (11) 3670-2500
Site: www.editoragente.com.br
E-mail: gente@editoragente.com.br

Dados Internacionais de Catalogação na Publicação (CIP)
Angélica Ilacqua CRB-8/7057

Holzer, Filippe
Homens fortes, sábios e prósperos : como ativar a presença, a autoridade e o legado que todo homem nasceu para construir / Filippe Holzer. – São Paulo : Editora Gente, 2025.
144 p.

ISBN 978-65-5544-663-0

1. Desenvolvimento pessoal 2. Masculinidade 3. Homens – Aspectos psicológicos I. Título

25-4303 CDD 158.1

Índice para catálogo sistemático:
1. Desenvolvimento pessoal

NOTA DA PUBLISHER

Existem livros que nascem para provocar reflexão, outros que surgem para inspirar ação. Este é um daqueles raros encontros que fazem as duas coisas ao mesmo tempo. Ao longo destas páginas, Filippe Holzer convida o leitor a olhar para si com coragem e a assumir, com autorresponsabilidade, o papel que nasceu para exercer no mundo.

Sua escrita é direta, inquieta e, acima de tudo, transformadora. Ao falar sobre prosperidade, sabedoria e força, Filippe não busca impor um modo de agir, mas despertar em cada homem a consciência de que é possível viver de maneira mais completa, equilibrada e significativa. Trata-se de resgatar valores como presença, maturidade e compromisso sem abrir mão do cuidado e da clareza necessárias para os tempos de hoje.

O mais poderoso neste livro é que ele não idealiza a vida perfeita. Pelo contrário: mostra que crescer exige atravessar desconfortos, lidar com escolhas difíceis e abandonar desculpas. Essa honestidade é o que torna a obra acessível e verdadeira. Filippe não fala de um lugar inalcançável, mas da experiência real de quem já caiu, levantou e escolheu recomeçar.

Como publisher, acredito profundamente na relevância de uma obra que devolve ao leitor a consciência de que não há atalhos para a maturidade, mas há caminhos. E quando alguém mostra esses caminhos com tanta paixão e clareza, fica impossível não se sentir motivado a dar o próximo passo.

Filippe Holzer já influencia milhares de pessoas com sua visão prática e realista sobre como construir uma vida sólida. Seu impacto não está apenas em suas palavras, mas na maneira como ele provoca cada leitor a se tornar protagonista da própria história.

É com alegria que apresento esta obra que certamente tocará fundo em quem deseja mais do que sobreviver: ela foi pensada para aqueles que querem viver de maneira plena, deixando um legado positivo para sua família, sua carreira e no mundo.

ROSELY BOSCHINI

CEO e Publisher da Editora Gente

Este livro é fruto do que vivi, observei e aprendi até aqui. É o resultado do que a vida me ensinou, das vitórias que me elevaram e das quedas que me refizeram. É o meu melhor até este momento, o somatório dos erros que me lapidaram e dos acertos que me sustentaram. Cada linha que escrevo vem do homem que fui e aponta para quem ainda quero me tornar.

Ainda há muito a construir, a forjar e a melhorar como homem, como pai e como marido. Mas hoje, ao olhar para trás, reconheço com gratidão o caminho percorrido, e, ao olhar para frente, sinto a serenidade de quem finalmente caminha na direção certa.

Agradeço a Deus por me permitir a vida e por me conceder a chance de usá-la como ferramenta de crescimento e serviço; por colocar cada pessoa no meu caminho como fonte de aprendizado e sabedoria, até mesmo aquelas que não apreciei, mas entendo os motivos de meu Pai.

Agradeço à minha mulher, que me inspira, todos os dias, a ser um homem melhor, mais forte, mais sábio, mais firme e mais digno.

Aos meus filhos, que são minha razão de viver e o espelho onde enxergo a responsabilidade de ser exemplo.

Aos meus pais, que me deram o maior presente possível: a existência e o esforço de criar-me com o melhor que tinham nas mãos.

E aos meus sócios irmãos: Thiago, Guto, Wendell, Maíra, Jura, Renato, Elton, por terem sido parte essencial da minha forja. Foram quase dez anos de construção, embate e aprendizado que me transformaram profundamente. Cada um, à sua maneira, ajudou a erguer o homem que hoje escreve estas páginas.

Minha gratidão a todos vocês que fizeram possível a existência deste livro.

SUMÁRIO

PREFÁCIO

Vivemos na era das fugas. Fugas rápidas, baratas e disfarçadas de prazer. O homem moderno, cansado do próprio vazio, aprendeu a se dopar com microdoses de prazer artificial. Ele não suporta o silêncio, o tédio, a disciplina ou a dor, por isso busca abrigo naquilo que anestesia.

E é justamente aí que nasce a diferença entre o homem comum e o homem forte.

Os homens comuns fogem. Fogem pelo álcool, para esquecer que são fracos. Fogem pela comida, para tapar o buraco que o propósito não preenche. Fogem pelo sexo, para se sentirem desejados quando não são admirados. Fogem no celular, rolando a vida dos outros enquanto a própria apodrece. Fogem na televisão, tentando viver histórias que nunca terão coragem de escrever.

Esses cinco pilares de fuga são as válvulas de escape da mediocridade. Cada um deles promete dopamina, mas entrega escravidão. E é justamente nesse ponto que os homens fortes, sábios e prósperos se destacam: eles não fogem.

O homem forte não bebe para esquecer; ele lembra para aprender. Não come para se confortar; ele se alimenta para performar. Não busca prazer no corpo alheio; ele constrói desejo no próprio valor. Não se esconde atrás da tela; ele encara a própria consciência. Não assiste passivamente; ele protagoniza.

A dopamina barata é a moeda do fraco. A dopamina conquistada, aquela que vem do esforço, do propósito e da virtude, é o combustível do sábio.

Homens fortes, sábios e prósperos não fogem da dor. Eles a domesticam. Transformam desconforto em disciplina, tentação em temperança e prazer em poder. Eles entenderam o segredo que muitos passam a vida evitando: quem domina a própria dopamina, domina o próprio destino.

É nesse espírito que surge esta obra. E não poderia vir de outro senão de Filippe Holzer. Um homem que não apenas fala sobre força, sabedoria e prosperidade, mas que vive cada uma dessas dimensões no cotidiano. Holzer não é teórico: ele é empresário em múltiplos setores, sócio estrategista dos maiores nomes do mercado digital, competidor de jiu-jitsu que conhece a disciplina da luta, estudioso que carrega duas faculdades, mestrado e centenas de livros devorados com sede de sabedoria. Um homem que atravessou bastidores, construiu impérios digitais, e decidiu agora compartilhar o que viu, aprendeu e viveu.

Ao longo de sua jornada, Holzer compreendeu o que separa homens comuns de homens implacáveis: não é a inteligência isolada, nem o dinheiro sem propósito, nem a força bruta sem direção. É a fusão desses três pilares: força, sabedoria e prosperidade, que molda o homem que deixa legado.

Este livro é um manual para os que desejam escapar da mediocridade e abraçar uma vida que vale a pena ser vivida. Holzer escreve como quem estende a mão, mas também como quem exige resposta. Ele convoca, desperta, desafia.

Leia estas páginas não como quem consome mais um conteúdo, mas como quem aceita um chamado. Porque ao final, a questão não é se você terá força, sabedoria ou prosperidade. A questão é se você terá coragem de se tornar, de fato, um homem implacável.

GUTO GALAMBA

Influenciador, consultor fitness e especialista em emagrecimento e tratamento da obesidade

APRESENTAÇÃO

FORÇA E SABEDORIA

Um homem pode levantar duzentos quilos do chão, e ainda assim ser frágil. Outro pode citar Aristóteles de memória, mas treme diante do primeiro impacto da vida. A verdade é simples: força sem sabedoria é brutalidade, e sabedoria sem força é esterilidade. Só quando ambas se unem nasce o homem inteiro.

Aristóteles já advertia, na *Ética a Nicômaco*, que a virtude se encontra no meio-termo: "A virtude é uma disposição voluntária, que consiste em um meio relativo a nós, determinado pela razão, como o decidiria o homem prudente". A coragem, por exemplo, é o equilíbrio entre a covardia e a imprudência. O guerreiro sem sabedoria se torna um bárbaro. O sábio sem coragem se torna um covarde.

Os estoicos reforçaram essa união. Epicteto, em seus *Discursos*, dizia: "Não são as coisas que perturbam os homens, mas os juízos que fazem delas". A verdadeira força, portanto, não é esmagar o inimigo, mas dominar os próprios pensamentos diante da adversidade. Sêneca, em *Cartas a Lucílio*, lembrava: "A sabedoria é inútil se não se converter em coragem e em ação". O conhecimento que não enfrenta a realidade é estéril.

O exemplo vivo dessa fusão é Marco Aurélio. Enquanto comandava legiões e governava o império mais vasto do mundo, escrevia em suas *Meditações*: "Você tem poder sobre sua mente – não sobre os acontecimentos. Reconheça isso, e encontrará força". Em campo, espada. Na noite silenciosa, contemplação. Força e sabedoria não se alternavam nele, se completavam.

Hoje a ciência confirma o que os antigos já sabiam. Pesquisas em neurociência mostram que exercícios físicos de intensidade aumentam a produção de fator neurotrófico derivado do cérebro (BDNF, do inglês *brain-derived neurotrophic factor*), fortalecendo conexões neuronais e ampliando a clareza mental. Em outras palavras, treinar o corpo prepara a mente, e treinar a mente fortalece o corpo. O que os antigos chamavam de "virtude", chamamos agora de "resiliência biopsicológica".

Basta olhar para Alexandre, O Grande. Educado por Aristóteles, não conquistou impérios apenas pela espada, mas pela visão de unir culturas e difundir conhecimento. Sua força, sem a sabedoria de Aristóteles, teria feito dele apenas mais um bárbaro. Sua sabedoria, sem força militar, não teria saído da sala de estudos. Foi a fusão que o eternizou.

O paralelo, portanto, é inevitável:

- A força é a disciplina do corpo, a capacidade de resistir, de agir, de suportar;
- A sabedoria é a disciplina da mente, a capacidade de discernir, de julgar, de escolher;
- Quando isoladas, tornam-se fraquezas disfarçadas;
- Quando unidas, produzem o homem implacável: aquele que pensa e age, que decide e executa, que enxerga e constrói.

A vida vai apertá-lo como em um estrangulamento no tatame. E, nessa hora, não bastará ter músculos se a mente fraquejar. Tampouco bastará dizer frases bonitas se o corpo não suportar a pressão. Força e sabedoria, juntas, são o único caminho para atravessar a existência sem ser esmagado por ela.

SABEDORIA E PROSPERIDADE

A sabedoria não é um adorno intelectual. Ela é a base sólida sobre a qual um homem constrói sua visão de mundo. Filosofia, artes, política, geopolítica, cultura, história e música: todas essas áreas, quando estudadas, alargam a mente e aguçam o senso crítico. É desse encontro que nasce a capacidade de discernir entre o bem e o mal, o bom e o ruim, o certo e o errado, o feio e o belo, o ético e o antiético. O homem ignorante pode até ser forte, mas é cego. O homem sábio enxerga o jogo por inteiro.

Mas a sabedoria, por si só, não basta. Conhecimento que não se converte em ação é apenas teoria estéril. É na prosperidade que a sabedoria encontra sua expressão prática. A prosperidade se ergue sobre dois pilares: habilidade e método. Habilidade é a capacidade de executar, de transformar ideia em realidade. Método é o caminho ordenado, a disciplina que torna a execução consistente.

Quando um homem une teoria e prática, sabedoria e prosperidade, ele passa a gerar produtos, serviços e benfeitorias que elevam a sociedade. O conhecimento que ele acumulou se transforma em soluções concretas, e essas soluções retornam a ele em forma de conexões, reconhecimento e faturamento. A prosperidade, portanto, não é apenas acumular riquezas: é o fluxo natural de quem serve com excelência.

FORÇA E PROSPERIDADE

Um homem pode ser forte como um touro, mas se não prospera, sua força se perde no nada. Outro pode acumular riquezas imensas, mas sem força se torna frágil diante da primeira pressão. A vida já provou, inúmeras vezes, que força sem prosperidade é potência desperdiçada, e prosperidade sem força é riqueza frágil.

Aristóteles já nos alertava que toda virtude exige equilíbrio. A prosperidade, quando não sustentada pela força, degenera em arrogância, vício e decadência. O homem próspero, mas fraco, se rende aos prazeres imediatos, incapaz de sustentar a própria criação. O homem forte, mas sem prosperidade, pode até sobreviver, mas nunca deixará legado. É da fusão das duas que nasce a verdadeira estabilidade.

A política e a geopolítica nos oferecem exemplos gritantes. Quantos impérios ruíram porque tinham soldados imbatíveis, mas cofres vazios? Esparta possuía guerreiros forjados para a batalha, mas sua ausência de riqueza e comércio a deixou para trás em relação a Atenas, que aliava força militar a prosperidade cultural e econômica. Do outro lado, impérios que acumularam ouro e terras – como Bizâncio em seus períodos de declínio – mas que, sem homens fortes para defendê-los, foram saqueados e divididos. Países em guerra ensinam a mesma lição: não adianta ter armas sem recursos para mantê-las nem cofres cheios sem homens que se disponham a lutar.

Marco Aurélio escreveu em suas *Meditações*: "A riqueza não é aquilo que se acumula, mas aquilo que se sustenta com virtude". Ele sabia que governar Roma exigia mais do que administrar tributos – era preciso manter a disciplina das legiões e a firmeza moral do povo. Um império rico sustentado por homens fracos é como uma muralha de ouro construída sobre areia.

A ciência moderna ratifica isso. A psicologia econômica mostra que prosperidade sem disciplina leva ao colapso. Estudo após estudo demonstra que ganhadores de loteria, sem preparo mental e emocional, perdem fortunas em poucos anos. Já empreendedores que unem disciplina (força interna) a gestão (prosperidade organizada) multiplicam resultados por décadas. A neurociência confirma que autocontrole – traço de força psicológica – é o maior preditor de prosperidade duradoura.

A história militar traz paralelos ainda mais claros. Os Estados Unidos venceram a Segunda Guerra não apenas porque tinham soldados treinados, mas porque tinham uma economia robusta para sustentar tanques, aviões e navios em escala industrial. Já a Alemanha nazista, apesar da força bélica inicial, sucumbiu ao desgaste econômico e logístico. Força sem prosperidade não resiste. Prosperidade sem força não se defende.

O mesmo raciocínio vale para o homem. Prosperar é erguer peso: família, negócios, responsabilidades. E cada nível de prosperidade exige ombros mais largos, disciplina mais rígida, resiliência maior. Quem não é forte quebra sob o peso da própria prosperidade. Quem é forte, mas não próspero, vive carregando tijolos que nunca viram palácio.

Assim, o paralelo é inevitável:

- A força é o alicerce;
- A prosperidade é a construção;
- Sem alicerce, a construção desaba;
- Sem construção, o alicerce não passa de pedra inútil.

Força e prosperidade, unidas, tornam o homem capaz de conquistar, sustentar e expandir. É a equação que ergue impérios, constrói legados e mantém de pé aqueles que o mundo inteiro tenta derrubar.

A SÍNTESE: O HOMEM INTEIRO

- Força sem sabedoria gera selvagens.
- Sabedoria sem prosperidade gera teóricos estéreis.
- Prosperidade sem força gera decadência.

Somente quando as três se unem nasce o homem inteiro: forte, sábio e próspero.

Esse homem entende que masculinidade não é um adorno nem um estereótipo: é responsabilidade. Ele sabe que antes de ser amado, precisa ser respeitado; antes de pedir, precisa prover; antes de ser protegido, precisa proteger. O homem que se refugia na fraqueza, esperando que alguém venha sustentá-lo, abdica de seu papel essencial. Mas o homem que desenvolve força, que cultiva sabedoria e que multiplica prosperidade se torna aquilo que sempre foi chamado a ser: líder, provedor e protetor de sua casa, sua comunidade, sua nação.

A tríade é inseparável:

- A força lhe dá estrutura para resistir e agir;
- A sabedoria lhe dá clareza para discernir e decidir;
- A prosperidade lhe dá recursos para construir e sustentar.

Sem um desses pilares, a masculinidade fica manca. Mas quando todos se alinham, o homem deixa de ser peso morto para a sociedade e se torna um pilar.

E se uma nação inteira de homens se alinha nesse chamado? A resposta é clara: essa nação será imbatível. Homens fortes garantem defesa e estabilidade. Homens sábios garantem justiça, cultura e visão de futuro. Homens prósperos garantem abundância, comércio, progresso e legado. É assim que se ergue um império: não apenas com exércitos, não apenas com cofres cheios, não apenas com bibliotecas – mas com a soma de todos esses elementos encarnados em cada cidadão.

A decadência de um povo começa quando seus homens se tornam frágeis, ignorantes e dependentes. A grandeza de um povo começa quando seus homens assumem a autorresponsabilidade de se forjar no privado para servir no público. O que um único homem forte, sábio e próspero pode fazer é notável; mas o que uma geração inteira de homens assim pode produzir é uma civilização.

A síntese não é apenas pessoal – é cultural, é histórica, é política. Quando cada homem se levanta como líder de si, provedor de sua família e protetor de sua sociedade, a força deixa de ser apenas muscular, a sabedoria deixa de ser apenas teórica, a prosperidade deixa de ser apenas financeira. Tudo se converte em legado.

Força, sabedoria e prosperidade: não três virtudes isoladas, mas o tripé sobre o qual se ergue tanto um homem quanto uma nação.

INTRODUÇÃO

A JORNADA DO HOMEM INTEIRO

Você sente que, por mais que se esforce no dia a dia, ainda falta algo em sua vida? Pode ser que você trabalhe duro, ganhe dinheiro, mantenha as contas em dia, mas ainda assim perceba que a vida não tem o peso e a presença que gostaria de ter. Ou talvez seja o contrário: você é inteligente, vive cheio de ideias, mas ainda sente dificuldade em transformar isso em conquistas reais. Quem sabe você até tenha algumas conquistas, mas continua a caminhada com uma sensação constante de estar sem direção.

Se alguma dessas descrições faz sentido para você, é porque, no fundo, existe um homem aí dentro que ainda não se forjou por inteiro. Meu nome é Filippe Holzer e estou aqui para ajudar você a mudar essa realidade.

Vivemos em uma sociedade que aplaude a superficialidade e as aparências, e que nos convida a todo o momento buscar atalhos, confortos e distrações. E pior: há muitos que aceitam essa influência passivamente. Você pode achar que estou exagerando, mas a ciência comprova: há mais de uma década, a psicóloga estadunidense Sherry Turkle,[1] pesquisadora do tema, batizou esse fenômeno de *solidão em*

---

[1] TURKLE, S. **Alone Together**: Why We Expect More from Technology and Less for Each Other. New York: Basic Books, 2011.

rede. Segundo Turkle, quanto mais tempo um homem passa rolando tela, mais sente que está só. Outra pesquisa, agora do Pew Research Center e mais recente,[2] confirma: homens de 25 a 44 anos já gastam, em média, quatro horas diárias em distrações digitais, e relatam uma queda brusca na sensação de propósito. Conforto demais vira anestesia, e a anestesia mata a ambição.

Nenhum homem cresce de verdade evitando desconforto, e é exatamente o oposto que vem acontecendo atualmente. Dificilmente alguém encontrará o próprio valor se insistir em se manter escondido atrás de desculpas ou esperando que tudo se resolva por ele. Falo com a voz de alguém que já passou por isso: em um certo momento da vida eu precisei encarar essa realidade com a sinceridade de quem vê no espelho a diferença entre o que é e o que poderia ser. E foi aí que eu resolvi mudar.

Antes de falar do caminho, preciso contar sobre o dia fatídico que me influenciou a mudar: o dia em que o espelho me desmontou. Algumas verdades não são ditas, são mostradas, e descobri isso em um dia "perfeito": câmera, drone, carro esportivo, roteiro pronto para um vídeo de autoridade.

Tudo ia bem até eu ver a gravação. Ali tudo ruiu. Não enxerguei um homem bem-sucedido; vi uma caricatura. Nas imagens, eu tentava entrar no carro como quem se senta num banco de praça: pesado, desconfortável, espremido. A barriga saliente denunciava a falta de disciplina; o semblante transparecia o cansaço; a postura

---

[2] MCDUFF, D.; *et al.* The Google Health Digital Well-Being Study: Protocol for a Digital Device Use and Well-Being Study. **JMIR Research Protocols**. DOI: 10.2196/49189. Disponível em: researchprotocols.org/2024/1/e49189/PDF. Acesso em: 22 set. 2025.

era o próprio exemplo do desalinho. O carro, aquele símbolo de potência, parecia constrangido com a minha presença.

O vídeo não foi ao ar. Não por vaidade, mas por congruência com a minha história. Aquelas imagens mostraram algo que há muito eu evitava analisar com sinceridade: eu dominava números, funis e narrativa, mas não a mim mesmo. Tinha conquistado prosperidade e influência, mas me faltava força. Hoje sei que também me faltava sabedoria: o verdadeiro sábio não negligencia o essencial.

Aquele foi um momento importante para meu desenvolvimento, foi quando entendi que o colapso de um homem começa quando ele deixa de se respeitar ao justificar a própria negligência com frases como "não dá tempo" ou "isso não é prioridade". Aprendi, de maneira brutal, que sem verdadeiramente me conhecer e respeitar, o sucesso é só uma miragem: pode até enganar, mas não por muito tempo. Dali em diante, a jornada deixou de ser sobre vender ou vencer e passou a ser, em primeiro lugar, sobre reconquistar a mim mesmo. Foi exatamente aí que percebi: não bastava ser bom em um aspecto, eu precisava ser bom por inteiro.

Precisei olhar para aquele espelho e aceitar que ser homem não é apenas ter força física, inteligência ou sucesso financeiro isoladamente; ser um homem é saber integrar esses valores em algo muito maior: prosperidade, sabedoria e força.

Essa tríade, força, sabedoria e prosperidade, não é um simples slogan. Pense nesses pilares como alicerces inscritos em você muito antes de qualquer escolha consciente. Você é fruto de uma cadeia de sobreviventes: gente que atravessou escassez, perdas e séculos para que sua vida existisse agora. Estar aqui, hoje, não é banalidade ou acaso, é conquista.

Corpo e mente são resultado de uma arquitetura de adaptação antiga, que atravessou séculos, e nada em você é por acaso: olhos que avaliam risco, músculos que estão prontos para agir, uma mente rápida para prever e proteger... O mundo nunca foi um ambiente gentil, por isso, a paz não pode ser sinônimo de ausência de tensão, coisa impossível. Paz é presença de preparo, é confiança que suas habilidades são o suficiente. Por isso, querer ocupar seu lugar de homem por inteiro não tem relação com vaidade, e sim com responsabilidade. Finque raízes e assuma espaços com força que sustenta, sabedoria que orienta e prosperidade que realiza, não para dominar, mas para servir, proteger e produzir. Somos o elo vivo entre os que vieram antes de nós e os que virão. Cada atitude fortalece ou enfraquece esse elo. Ser forte, sábio e próspero não é vaidade, é missão.

Desperto para a realidade após aquelas imagens, trilhei uma jornada dura. Admitir que estava negligenciando partes importantes de mim não foi fácil: perceber que a estagnação é silenciosa, que o conforto excessivo enfraquece e que cada desculpa acumulada nos transforma em espectadores da própria história é um momento de grande verdade, mas extremamente doloroso. Mas o que encontrei do outro lado compensou cada passo. A mudança não veio da noite para o dia, nem por frases bonitas ou promessas milagrosas. Veio do compromisso diário com o que importa, da decisão de abandonar desculpas, de parar de romantizar dificuldades para finalmente construir algo sólido dentro de mim e ao meu redor.

Este livro faz parte dessa decisão, ele nasceu de um incômodo real. Nasceu da percepção de que há uma geração inteira de homens vivendo muito aquém do próprio potencial, sempre esperando algo ou alguém que nunca vai chegar para resgatá-los dessa situação. E não falo isso como alguém que apenas julga, falo como alguém que já esteve nesse lugar; alguém que precisou cair e se reconstruir para entender o que significa ser respeitado, primeiro por si mesmo, depois pelo mundo. Alguém que hoje tem como missão ajudar outros homens a se desenvolverem por inteiro.

Você não precisa virar outra pessoa, e nem tente: isso é apenas mais uma maneira de criar uma imagem falsa no espelho, e em algum momento ela vai ruir. Você precisa despertar a sua verdade, a versão mais fiel e íntegra de si mesmo: um homem inteiro, que age com clareza, sustenta o que constrói e que, ao olhar para o futuro, sente orgulho de seu legado.

Ao longo destas páginas, você encontrará reflexões, provocações e, principalmente, caminhos práticos para a mudança. A proposta não é mudar sua essência, quem você é, mas ativar o homem inteiro que está aí dentro, adormecido, esperando por uma decisão sua. Ser próspero não é apenas ter dinheiro, é ter liberdade. Ser sábio não é apenas acumular conhecimento, é saber tomar decisões. Ser forte não é apenas ter músculos, é sustentar o que você promete, proteger quem está ao seu lado ao ser presença em momentos de caos.

Você será chamado a assumir um compromisso silencioso consigo mesmo, tornar-se um *self-hero,* ou como chamo, "herói de si próprio". Aqui a busca não será pela perfeição ou pelo inatingível, mas pela transformação em alguém que assume a responsabilidade pelo que constrói, protege e lidera, mesmo nos momentos sem plateia, mesmo sem buscar aplausos. Essa mudança não é pelas aparências, é pela paz interior de saber que está fazendo o melhor que pode. Por isso mesmo, não espere fórmulas mágicas.

Você pode continuar como está, preso a desculpas e distrações, ou pode escolher avançar. Não importa quantas vezes você tenha falhado, importa o que fará daqui para a frente. A força que você precisa já está aí, só precisa ser ativada, e é essa centelha que vamos alimentar em busca do sucesso.

A cada capítulo, convidarei você a fortalecer os pilares da prosperidade, sabedoria e força de um jeito claro, realista e possível, mas para isso você precisará encarar verdades doloridas que vem escondendo. O desconforto existirá e é necessário, porque é a partir dele que surge o crescimento. Esta é a jornada de um homem inteiro.

Se você está pronto para assumir as rédeas da vida, bem-vindo, este é o ponto de partida. E aviso: não tem volta.

DIFICILMENTE
ALGUÉM ENCONTRARÁ
O PRÓPRIO VALOR
SE INSISTIR EM SE
MANTER ESCONDIDO
ATRÁS DE DESCULPAS
OU ESPERANDO
QUE TUDO SE
RESOLVA POR ELE.

01.

MESMO FAZENDO TUDO CERTO, VOCÊ SENTE QUE FALHOU

Você está onde merece estar porque não fez o necessário para estar onde gostaria.

David Goggins[3]

Essa frase soa como um soco de realidade, eu sei, e foi exatamente por isso que quis começar o capítulo assim. Ela incomoda, mas é justamente esse desconforto que revela a verdade. Se hoje você sente que poderia estar em outro nível no trabalho, na vida pessoal ou em relação à sua saúde, é porque em algum momento você tolerou menos do que merecia. E chegou a hora de mudar.

Vivemos em um mundo repleto de oportunidades: nunca tivemos tanto acesso a conhecimento, tantos recursos disponíveis e facilidades de conexões, mas, paradoxalmente, muitos continuam vivendo como se fossem vítimas de um destino cruel e imutável. Reclamam do corpo fora de forma, mas não treinam; questionam o salário, mas não estudam nem investem em si mesmos; sonham em empreender, mas continuam executando o sonho de outras pessoas, sempre esperando "a hora certa" para agir em prol de si mesmo. É fácil colocar a culpa no governo, no chefe, nos pais, na infância, no mercado, na falta de tempo, de apoio, de dinheiro… mas esta não é a maneira correta de criar uma vida grandiosa.

---

[3] GOGGINS, D. **Can't Hurt Me**: Master Your Mind and Defy the Odds. Austin: Lioncrest, 2018.

Apesar de tudo, fico feliz quando ouço relatos assim de meus mentorandos. Esse incômodo é o primeiro sinal de vida que procuro; quando vejo, sei que temos apenas de recalibrar as responsabilidades. Homens que ainda sentem desconforto com a própria realidade são perigosos porque carregam em si a capacidade de romper com a estagnação. Afinal, a verdade é simples, só leva um tempo para ser digerida: se você não alcançou a posição que gostaria, é porque ainda tolera o lugar onde está.

A vida que você tem hoje é resultado direto das escolhas que fez ao longo do tempo, mas é principalmente reflexo daquelas que vem adiando há anos. E é o incômodo que separa o desperto do adormecido. Homens que ainda sentem incômodo ainda não aceitaram que "é isso mesmo", ainda não se entregaram ao conformismo. E são estes que estão a um passo do despertar. Se você é um deles, saiba: a hora de mudar é agora.

Sei que em algum momento você já ouviu esse chamado interno. Talvez quando o mundo silencia, ou quando você se deita à noite e percebe que, apesar de estar cansado, não está satisfeito, não consegue relaxar. É aquela sensação de estar desperdiçando sua força em tarefas que não movem sua história. O grande problema não é não ouvir o chamado, é ignorá-lo tanto que você começa a acreditar que ele nunca existiu. É quando você começa a justificar a frustração como cansaço, a ansiedade como parte da rotina, o vazio como algo normal. Mas essa inquietação é a voz de algo maior pedindo para você acordar.

Esse chamado também é abafado todos os dias por barulhos da rotina e distrações digitais. Mais uma notificação, mais uma série, mais um vídeo. Quando você se distancia de quem pode se tornar, começa a acreditar que nunca existiu um caminho melhor. Mas existe, ele está esperando que você tenha coragem de parar de se anestesiar para começar a agir com intenção. Viver em piloto automático é uma armadilha. Isso não é vida, é rascunho.

Um estudo da Gallup realizado em 2024 e publicado este ano, o *State of the Global Workplace*,[4] mostra números alarmantes: dos profissionais consultados, 23% se consideram realmente engajados; 62% se declaram não engajados e incríveis 15% dizem estar "ativamente desengajados". Não sei você, mas eu, como empresário, acho esses números aterradores. Mais da metade dos profissionais vive nesse modo zumbi: trabalha o dia inteiro e, mesmo assim, sente que falhou. Esse vácuo de sentido gera o que Martin Seligman chamou de "desamparo aprendido". Em um estudo com trezentos bancários, concluiu-se que, quanto maior o desamparo, menor o envolvimento real nas tarefas. Traduzindo: você está tão ocupado "fazendo o que precisa" que não tem tempo para refletir sobre onde realmente quer chegar.

Muitos preferem parecer fortes nas redes sociais a fazer o trabalho de se tornarem fortes na vida real; e preferem postar frases motivacionais a cultivar uma vida ladeada por disciplina. Sua vida não é resultado de falta de talento, mas de acreditar que nada do que se faz muda o placar; e, sem propósito, qualquer esforço vira areia. Muitos homens seguem a vida em piloto automático, lotando a agenda para não encarar a alma, preferindo parecer ocupados a admitir que estão perdidos no caminho. Mas você não precisa fazer parte dessa maioria. O simples fato de estar aqui, lendo este livro,

[4] STATE of the Global Workplace Report: Undestanding Employees, Informing Leaders. **Gallup**, 2025. Disponível em: gallup.com/workplace/349484/state-of-the-global-workplace.aspx. Acesso em: 7 set. 2025.

mostra que algo em você ainda pulsa, prova que ainda existe um homem aí dentro que quer nascer, não como milagre, mas como escolha atenta em busca de sua melhor versão.

Todo mundo já esteve preso a esse "ciclo da fraqueza", e ele não começa com grandes derrotas, mas com pequenas concessões: você falta ao treino uma vez, depois outra; promete algo a si próprio, mas não cumpre; a cada dia cria novas desculpas para postergar a ação… A fraqueza não chega de maneira dramática, ela se infiltra em nossa vida e corrói silenciosamente nossos propósitos, como água em uma fissura. Quando você menos percebe, ela já está corroendo seu senso de respeito próprio, mostrando-se em forma de promessas não cumpridas, decisões empurradas, vícios emocionais disfarçados de distração. E o mais perigoso? Quando o homem começa a achar isso normal, vira um covarde.

Primeiro, você evita se posicionar para não gerar conflito. Depois, deixa de agir para não se frustrar. Por fim, nem tenta para não correr o risco de fracassar. Logo, esse abrigo medroso ganha nomes nobres: prudência, maturidade, autocuidado. A verdade, porém, é que covardia é o abandono sistemático da coragem, é silêncio onde deveria haver voz, omissão onde se exige presença, inércia mascarada de racionalidade. Pertencemos a uma geração de homens receosos de parecer intensos; preferem a passividade "de boa" e, assim, tornam-se invisíveis, irrelevantes, inofensivos. Não por bondade, mas por inoperância.

O covarde esconde-se atrás de frases prontas: "não quero me estressar", "cada um com sua verdade", "prefiro evitar brigas". No íntimo, trava a pior das lutas: sabe que deixou de ser quem poderia ser. A origem dessa covardia rompe uma verdade ancestral: o homem existe para proteger, prover e liderar, papéis impossíveis sem risco, enfrentamento, coragem. Recuperar a coragem não é virar um brutamontes; é reconquistar dignidade. É caminhar com firmeza mesmo com medo; é dizer "isso não" quando o mundo inteiro suspira "tanto faz". Covardia começa como escolha, depois vira identidade. E um homem que se identifica com a própria covardia não vive, apenas sobrevive.

A saída desse ciclo não está na motivação, está na disciplina, nos pequenos compromissos cumpridos todos os dias. É levantar cedo quando ninguém está olhando, é entregar o que prometeu mesmo sem aplausos, é vencer a si mesmo minuto a minuto.

Responsabilidade é a linha que separa meninos de homens. Não importa o que fizeram com você, a única coisa que verdadeiramente tem importância é o agora. Homens fortes não fogem da responsabilidade, eles a abraçam porque entendem que é o verdadeiro caminho para a liberdade.

O homem de verdade não se define pelo que sofreu, e sim pelo que superou. Trauma não é troféu, é combustível. Ele não pede aplausos por ter sobrevivido; cobra-se por ter parado de evoluir.

O coitadismo é a zona de conforto perfeita: se o mundo é culpado, você não precisa mudar. Só que toda vítima crônica foge daquilo que mais importa: responsabilidade. Esse escape amolece o espírito. Transforma homens em eternos adolescentes à procura de colo em um mundo que exige postura e solução. É inaceitável ostentar barba e ainda pedir dinheiro aos pais "para economizar"; passar noites em jogos on-line como se fosse atleta profissional; pedir delivery todo dia, mas não saber fritar um ovo; temer trocar uma lâmpada ou confundir chave de fenda com chave-estrela. E quando digo isso, não é porque as pessoas esperam que você seja chef, eletricista ou mecânico, mas sim que esperam que você faça o mínimo e seja capaz de preparar o jantar, desencapar um fio, trocar um pneu. Quem não resolve o simples é risco para si e para os outros, evitando se apoiar em desculpas para a inércia.

Durante milênios, o valor de nossos antepassados não esteve no que diziam, mas no que faziam: caçar, construir, proteger, assumir riscos, havia uma dignidade silenciosa em ser necessário; em saber que sua ausência faria falta e sua presença faria diferença. O mundo moderno, com conveniências e terceirizações, nos afastou do básico. Ficamos especialistas em tudo, menos em ser úteis. Sem utilidade, nasce um vazio que não se cura com telas, álcool ou distração, porque não é prazer, é propósito.

Reconectar-se com a utilidade desenvolve presença, e o sucesso que vem dela não é medido em aplausos, mas em impacto real: a pia que funciona, a conta paga no dia, o filho que sabe a quem recorrer, a parceira que dorme em paz, o vizinho que pode bater na sua porta pedindo apoio. Utilidade não é peso, é privilégio. É a forma mais direta de exercer força, orientar com sabedoria e transformar prosperidade em sustento. Quem decide voltar a ser útil não só melhora o entorno: se organiza por dentro.

Reaprenda. Pergunte. Tente. Conserte. Estude. Levante-se da cadeira e melhore um pedaço do mundo, nem que seja a própria casa, o próprio corpo, a própria rotina. Um homem forte, sábio e próspero compreende que quem é útil não é invisível.

O fim do coitadismo começa quando você se recusa a aceitar pena dos outros e escolhe ser necessário. O mundo não precisa de mais uma vítima eloquente; precisa de homens que façam o que tem de ser feito, mesmo sem plateia, sem likes e sem agradecimentos públicos.

Por isso, você tem duas opções: continuar achando desculpas ou começar a se transformar. Antes de qualquer mudança, você precisa de um pacto consigo mesmo. Diga em voz baixa, mas com convicção: "**Eu assumo. A partir de agora, não sou mais espectador. Eu sou autor da minha história. Não sou perfeito, mas não fujo. Não terceirizo. Eu ajo, lidero e construo**". Com esse compromisso, começa uma nova etapa da sua vida. O primeiro capítulo de um homem que deixa de ser incompleto para se tornar inteiro.

Acompanhe, a seguir, este exemplo que sintetiza a realidade de muitos homens da atualidade:

> Enzo Jorge tem 34 anos, mora com os pais desde sempre, nunca cogitou se mudar, nunca foi desafiado a buscar o próprio sustento, nunca se viu diante da necessidade de construir um caminho próprio porque, de alguma maneira, tudo sempre chegou até ele. Trabalha de casa, passa o dia em frente de uma tela, preenchendo planilhas que nem ele mesmo sabe explicar com clareza para o que servem. Sabe que pagam o suficiente para manter as assinaturas de streaming, pedir delivery quatro, cinco vezes por semana, comprar um ou dois jogos por mês e trocar o teclado gamer de tempos em tempos.
>
> Na adolescência, diziam que ele precisava focar nos estudos, por isso nunca foi cobrado por nada além das notas. Quando foi para a faculdade, o discurso virou que o importante era o diploma. Quando se formou, disseram que o mercado estava difícil, que talvez fosse melhor esperar, estudar mais um pouco, deixar o tempo resolver. E assim, sem perceber, ele foi ficando... ficando... e ficou. A cada etapa, alguém trabalhou para que ele não sentisse atrito, alguém suavizou o impacto, garantindo que o mundo lá fora podia esperar, e ele acreditou.

Enzo é inteligente, articulado, tem opiniões fortes sobre política, cultura, sociedade... sabe se posicionar nas redes, domina memes, conhece estatísticas, cita autores, mas nunca foi capaz de trocar uma lâmpada sem ajuda, nunca precisou aprender a lavar uma privada, nunca montou um móvel com as próprias mãos, nunca cozinhou um almoço para a própria família ou cuidou de alguém doente sem delegar. A vida de Enzo Jorge acontece sob controle remoto, com luzes RGB piscando no desktop e uma coleção de camisetas que expressam tudo o que ele gostaria de ser, mas ainda não teve coragem de se tornar: um herói, alguém que fez diferença no mundo.

Hoje, Enzo Jorge sabe muito sobre o que acontece no mundo exterior, mas quase nada sobre o que acontece dentro de si. Ele tem respostas para quase tudo, menos para as perguntas que realmente importam: *Quem sou eu? O que sustento com meu próprio esforço? Há alguém que eu protejo? O que construo com minhas próprias mãos, desenvolvo com meu pensamento, meu caráter? Quem eu seria se o acesso à internet caísse por um mês? E se eu perder meus pais amanhã? O que será de mim se o mundo me pedir mais do que opinião?*

Usei esse relato como um exemplo. Entenda, Enzo Jorge não é mau, não é ignorante, não é um vilão. Mas é inofensivo. Ele é o retrato de uma geração treinada para parecer, não para ser; educada para se expressar, mas não para sustentar. Enzo Jorge é, antes de tudo, um homem invisível, e o mundo está repleto deles. Ele representa aqueles que preferem aplausos a respeito, que vivem mais preocupados em evitar desconfortos do que em conquistar dignidade, valorizando mais o silêncio cômodo à exposição necessária, mesmo que essa exposição seja o único caminho para o crescimento. Ele é fruto de um tempo que adia tudo, que tolera demais, que exige de menos. Um tempo em que a infância emocional não tem data para terminar.

Mas ainda há tempo. Tempo de você sair do quarto, não apenas com os pés, mas por inteiro: com o espírito. Tempo de abandonar esse casulo social forçado pela dinâmica dessa sociedade atrofiada, tempo de queimar as pontes com a covardia e colocar os pés no fogo da realidade. Ainda há tempo para se tornar alguém que você, lá na infância, teria orgulho de chamar de pai. Mas esse tempo, apesar de existir, não será eterno. Ele está se esgotando a cada suspiro, a cada escolha adiada, a cada "sim" dado ao conforto que anestesia. Não há mais tempo para esperar que alguém venha salvá-lo, porque ninguém vem. A salvação, se é que existe, começa do lado de dentro... e exige tudo o que você ainda não ofereceu.

02.

NINGUÉM EXPLICOU POR QUE VOCÊ SE SENTE UM FRACASSO

Brian Tracy ensina: quanto mais emoção você coloca em uma crença, mais ela se torna realidade. Não é mágica, é psicologia. Você age, escolhe e interpreta o mundo de acordo com aquilo em que acredita.

Henry Ford resumiu isso de forma lapidar: "Se você acredita que pode, ou que não pode, está certo de qualquer forma".

As crenças funcionam como filtros invisíveis. A psicologia chama isso de "escotoma", pontos cegos mentais que impedem você de enxergar oportunidades que estão diante de seus olhos. Maxwell Maltz mostrou, em *Psycho-Cybernetics*, que ninguém age contra a própria autoimagem. Se você acredita ser fraco, inútil ou irrelevante, vai viver de modo a confirmar isso.

Esta é a raiz da sensação de fracasso: não está apenas no trabalho que você faz ou deixa de fazer, mas no que você acredita sobre si próprio. A crença errada gera a realidade errada. E mudar a crença é o primeiro passo para mudar o mundo ao redor.

Mas existe uma camada ainda mais profunda: merecimento e permissão. Muitos homens carregam a crença silenciosa de que não merecem prosperar. Outros acreditam que precisam da permissão invisível de alguém: do pai, da sociedade, da esposa, do "sistema" para crescer. Esse código oculto corrói a iniciativa, faz o homem se sabotar e o mantém pequeno, mesmo quando tem talento e capacidade.

A verdade é que ninguém prospera sem romper essa barreira. O homem que acredita não merecer jamais acumulará conquistas. O que espera permissão ficará sempre paralisado. A prosperidade começa quando você decide que merece e que não precisa pedir autorização para ser grande.

Depois de reconhecer o incômodo e aceitar o chamado para a caminhada do despertar, surgem algumas dúvidas inevitáveis: por que, mesmo fazendo tudo o que acha correto, você continua com a sensação de estar falhando? Por que, apesar do esforço, o vazio persiste? Estas são algumas das dores mais comuns do homem contemporâneo. Sentir-se invisível e, muitas vezes, irrelevante, é mais comum do que você imagina. Mas isso pode mudar.

Essa invisibilidade não é física, é existencial. O homem se sente ativo, mas inútil. Presente, mas irrelevante. Ele até entrega resultado, mas não sente orgulho. Executa, mas não se enxerga no que faz. E é nessa situação que nasce a sensação de fracasso; não por falta de ação, mas por ausência de direcionamento.

A verdade é que, quando um homem não entende o jogo da vida, ele se vê sempre reagindo ao mundo em vez de conduzi-lo. Trabalha, cumpre com seus compromissos, busca ser correto, mas sente que nada disso é suficiente para seu desenvolvimento. É como se houvesse uma barreira invisível entre quem ele é e quem gostaria de ser, e realmente existe essa barreira: a mulher que o admirava agora vê apenas alguém que cumpre tarefas de forma mecânica e sem paixão. Os filhos percebem aquele indivíduo mais como um provedor do que como um exemplo de vida. Esse homem passa a duvidar do próprio valor.

Essa sensação nasce de pequenas desconexões acumuladas, e surgem da constante tentativa de compensar um pilar da vida com outro. Há homens com conta bancária cheia, mas emocionalmente falidos; outros têm diploma, mas não têm voz; alguns sustentam casas, mas não sustentam conversas com os filhos. Esses vazios acumulados não se resolvem com mais esforço, mas com alinhamento interno. A dor da desconexão aparece quando aquilo que você é de verdade não encontra espaço para se manifestar. É importante entender que essa crise não é sinal de fraqueza, mas de desequilíbrio. E que é possível mudar. Estou aqui para ajudar nisso.

Um homem que teme o sofrimento já está sofrendo com aquilo que teme. Fugir da dor é se entregar a ela antes mesmo que chegue. A mente forte não busca atalhos: ela suporta, atravessa, vence.

E lembre-se: você é o que faz, não o que diz que vai fazer. Palavra sem ação é vento. Só a ação massiva prova quem você é.

Por fim, força de vontade é negar os desejos que enfraquecem. Porque os desejos transformam reis em escravos, mas a paciência transforma escravos em reis.

Aliás, para os mais céticos, alerto: propósito não é papo motivacional, é combustível bioquímico. Um estudo de Harvard acompanhou, por mais de oito décadas, homens comuns em uma pesquisa sobre níveis de felicidade e concluiu que participantes que declaravam ter um "projeto de vida claro" apresentaram metade dos índices de depressão aos 50 anos e viveram, em média, sete anos mais do que os sem missão definida.[5] Outra pesquisa, agora uma metanálise publicada no *Journal of Clinical Psychology* com mais de

---

[5] WALDINGER, R.; SCHULTZ, M. **The Good Life**: Lessons from the World's Longest Scientific Study of Happiness. New York: Simon & Schuster, 2023.

66 mil participantes mostrou que ter um forte senso de propósito está associado a níveis significativamente menores de ansiedade e depressão. O propósito na vida correlacionou-se negativamente com sintomas de ansiedade ($r = -0,36$) e com sintomas depressivos ($r = -0,49$), confirmando que significado e propósito funcionam como fatores protetores importantes para a saúde mental.[6] As duas pesquisas apontam o que discutimos nas últimas páginas: não falta energia, falta um "porquê" musculoso que incentive você a acordar. Como já dizia Viktor Frankl, "quando não somos capazes de mudar uma situação, somos desafiados a mudar a nós mesmos".[7] Muitas vezes, se sentir fracassando é o primeiro passo para reconstruir os próprios alicerces, é um convite silencioso para olhar para dentro e perceber quais partes de você precisam ser integradas. Entenda: propósito não é motivação, é base, sustento. Um homem com propósito vive cansado, mas em paz. Sem propósito, até o descanso pesa, parece desperdício. E talvez o que você esteja sentindo não seja fracasso, seja apenas a urgência de se reconectar com sua missão.

A sociedade moderna, ao mesmo tempo em que cobra resultados, também falha em ensinar como construir uma vida equilibrada. Crescemos ouvindo que precisamos ser "bem-sucedidos", mas raramente nos explicam o que isso significa na prática, que é bem mais do que conquistar bens ou diplomas. É ser alguém capaz de

---

[6] LI, S.; ZHU, F.; JIANG, W. The Relationship Between Purpose in Life and Depression and Anxiety: A meta-analysis. **Journal of Clinical Psychology**, [S. l.], v. 79, n. 12, p. 2840-2857, 2023. DOI: https://doi.org/10.1002/jclp.23548. ALLAN, B. *et al.* Meaning in Life and Mental Health: A Meta-Analysis. **Journal of Positive Psychology**, 2020.

[7] FRANKL, V. **Em busca de sentido**: um psicólogo no campo de concentração. Rio de Janeiro: Vozes, 2017.

sustentar quem ama, cuidar da própria saúde emocional e financeira, e ainda manter um propósito vivo. O problema é que a maioria aprendeu a priorizar um pilar, normalmente o financeiro, e a ignorar os demais. Mas quando a base emocional ou espiritual falha, tudo desmorona junto. É como se faltasse algo, mas você não sabe o quê. Esse vazio, se ignorado, transforma-se em desmotivação crônica e até em amargura. A masculinidade saudável exige mais do que força. Exige consciência.

O primeiro passo para a mudança é reconhecer que essa sensação de desalento e despropósito é um alerta de que algo não anda bem, e não uma sentença. É o sinal de que você precisa parar de tentar provar o seu valor apenas pelo trabalho ou pela força, e começar a olhar para os pilares que sustentam sua vida. E isso inclui revisar as próprias métricas de sucesso. Não adianta ser aplaudido por fora enquanto se sente desmoronar por dentro. O sucesso real é aquele que você consegue sustentar com leveza, não aquele que o adoece ou o afasta de quem você ama. Equilibrar prosperidade, sabedoria e força é o que vai devolver a você o senso de identidade e respeito.

Por isso, o objetivo aqui não é apontar culpas, mas trazer identificação. É fazer você entender que o problema não está apenas no mundo externo, mas na maneira como você se enxerga e age diante dele. Agindo, a sensação de fracasso irá se dissolver gradualmente quando você começa a tomar atitude com clareza, direcionando energia para o que importa de verdade, não apenas para agradar, mas para construir um legado sólido e coerente com seus valores.

Mas reconhecer esse desalinhamento interno não basta. É preciso romper com algumas armadilhas silenciosas que sustentam esse estado de paralisia emocional, e é isso que vamos começar a trabalhar nos próximos capítulos. Venha comigo!

03.

A MASCULINIDADE GANHOU UM ALVO NAS COSTAS... E VOCÊ NEM PERCEBEU

Se você chegou até aqui, já sabe que esse incômodo que sente não é apenas fruto do acaso, mas de algo mais profundo que luta para se libertar.

Ao longo do tempo, a sociedade moldou como os homens devem enxergar a si mesmos e como devem ser vistos pelo mundo, com qualquer resistência a essa definição sendo considerada errada. É como se a masculinidade tivesse se tornado um alvo ambulante, e muitos sequer perceberam que estavam na mira.

A desconstrução não começou com ataques diretos, mas se infiltrou em silêncio. Tudo começou com pequenas concessões: um dia, o homem deixou de cumprir a palavra, no outro aceitou conviver com o que o enfraquecia. Pouco a pouco, abriu mão da própria essência em troca de aceitação social e, quando se deu conta, já havia sido adestrado a pedir desculpas por existir, a aceitar de cabeça baixa qualquer discurso que o acusasse de ultrapassado, tóxico ou dispensável.

O homem moderno foi treinado para se calar, se moldar, se suavizar. Tal como os animais de estimação, foi domesticado emocionalmente, e deixou de confiar no próprio instinto. Foi orientado a se conter tanto que, hoje, há uma confusão entre liderança com opressão, firmeza com toxicidade. O instinto masculino, algo tão intrínseco a nós, foi tão reprimido que se tornou algo a ser escondido, não cultivado. Ser adaptado, não reverenciado.

Desde cedo, crescemos com mensagens contraditórias. Ouvimos que o homem não pode demonstrar emoções, que deve ser sempre forte e inabalável, mas rapidamente somos criticados quando mostramos firmeza ou quando buscamos liderar. Essa confusão faz com que muitos homens não saibam mais qual é o seu papel. O resultado? Insegurança, apatia e um sentimento constante de inadequação. E isso não é uma carta branca para agirmos como homens das cavernas, ingovernáveis, autoritários, inflexíveis e desrespeitosos; a busca é mais simples: a aceitação da essência masculina por inteiro, sem subterfúgios nem máscaras sociais impostas. Quando o masculino é demonizado, o vácuo cobra caro.

A sociedade moderna, em sua tentativa de corrigir erros históricos, muitas vezes jogou o homem para um lugar de culpa e inércia. Na obra *The Boy Crisis*, os pesquisadores estadunidenses Warren Farrell e John Gray mostram que meninos criados sem pai presente têm duas vezes mais probabilidade de abandonar a escola e três vezes mais risco de usar drogas ilícitas.[8] Dados do relatório *Education at a Glance 2023*, publicado pela Organização para a Cooperação e Desenvolvimento Econômico (OCDE), revelam que 61% dos abandonos escolares no ensino médio em países ricos são masculinos. E o CDC crava: nos Estados Unidos, o suicídio já é a segunda causa de morte de homens entre 15 e 34, com um assustador aumento de

---

[8] FARRELL, W.; GRAY, J. **The Boy Crisis**: Why Our Boys Are Struggling and What We Can Do About It. Dallas: BenBella Books, 2018.

37% em dez anos.[9] Essas pesquisas ilustram o que já conversamos: se o homem não encontra um papel saudável, acaba sem papel nenhum, e o resultado é tragédia, não igualdade. Ser homem passou a ser tratado como sinônimo de opressão, quando, na verdade, a masculinidade saudável sempre esteve ligada à proteção, ao cuidado e à construção de um legado. O problema não é ser homem, o problema é esquecer o verdadeiro significado disso, e vemos essa consequência na sociedade.

Vivenciamos não apenas ausência física, com homens abandonando lares e filhos, acompanhamos também ausência simbólica, emocional e energética. É o pai que mora sob o mesmo teto, mas evita o olhar do filho; o marido que cumpre tarefas, mas não entrega presença no dia a dia a dois; é o líder que fala de metas, mas não inspira destino. É o homem que parece estar em todo lugar, mas que ninguém realmente sente presente, porque sua alma, sua voz e sua missão ficaram para trás. E o preço é alto, ainda que silencioso: filhos que crescem sem espelhos de força com ternura; mulheres que assumem batalhas que nunca pediram para lutar sozinhas; empresas que sobrevivem por um fio, sem cultura, sem norte, sem alma. A sociedade passou a desconfiar do masculino e hoje se fecha ao que um homem equilibrado, íntegro e maduro pode oferecer.

O problema nunca foi "o homem", foi a omissão. O conforto deveria ser pausa, não objetivo; um prêmio depois de grande esforço, não a meta de uma existência. Mas o homem moderno transformou o descanso em propósito. Tornou-o um vício. E como todo vício,

---

9 Centers for Disease Control and Prevention. Suicide Datas and Statistic. **CDC**, 2025. Disponível em: www.cdc.gov/suicide/facts/data.html. Acesso em: 7 set. 2025.

HOMENS QUE EVITAM DESCONFORTO TAMBÉM EVITAM CRESCIMENTO.

HOMENS FORTES, SÁBIOS E PRÓSPEROS

@HOLZERFILIPPE

ele anestesia. Ele amolece. Ele enfraquece. A cultura contemporânea conspira por esse ideal: menos esforço, menos dor, mais atalhos, mais conveniência, mais distração. Só que a conta chega.

Homens que evitam desconforto também evitam crescimento. E sem desenvolvimento, qualquer contratempo vira crise. Nossos pais caminhavam quilômetros para estudar, enfrentavam filas, suportavam ônibus lotados e chefes duros. Hoje, um comentário negativo já desestrutura; um atraso na entrega já gera revolta. Não é o mundo que ficou cruel, são os homens que ficaram frágeis. O desconforto é onde o homem se forja. Onde a mente endurece, a vontade se alinha e o espírito se afia. Sem desconforto, não há resistência. E sem resistência, o homem se desfaz diante da primeira pressão.

Seja honesto: você busca conforto como prêmio ou como fuga?

Nunca foi tão fácil se sentir ocupado mesmo sem fazer nada. Redes sociais, pornografia, séries infinitas, jogos de celular, notificações a todo instante. Cada clique entrega prazer imediato. Cada estímulo rouba concentração, profundidade, silêncio. Toda essa dopamina barata vicia pelo mínimo de esforço exigido em troca de uma recompensa instantânea, mas esse homem viciado perde a capacidade de sustentar jornadas longas, de persistir em algo que exige tempo, dedicação e dor. A seguir, listo alguns exemplos de fugas muito comuns atualmente.

- A pornografia distorce a percepção do feminino, cria uma dependência química e emocional das imagens e drena energia vital. O marido passa a comparar a esposa real com o mundo artificial que acompanha, perde desejo verdadeiro, transforma intimidade em performance. O vínculo esfria, o casamento adoece, a masculinidade definha;

- Os videogames fabricam heróis fictícios em mundos digitais enquanto a vida real desmorona. No jogo, o homem salva reinos imaginários, mas no mundo real não paga contas, não fortalece o corpo, não constrói uma carreira sólida;
- O futebol e qualquer outro fanatismo esportivo transforma homens adultos em torcedores histéricos, mesmo que nunca tenham jogado uma partida: vivem emoções emprestadas, discutem escalações por horas, mas nunca descem da arquibancada para jogar o jogo da própria vida;
- O Instagram e outras redes sociais podem ser considerados o novo prostíbulo digital, com curtidas, foguinhos, mensagens a desconhecidas. O homem se torna espectador passivo de fantasias inalcançáveis enquanto ignora a mulher que tem ao lado. Alimenta desejos irreais, frustrações crescentes e um vazio silencioso ao olhar uma tela por horas.

Tudo isso consome o bem mais valioso que temos: o tempo. Tempo que não volta, que poderia estar sendo usado para colocar tijolo por tijolo no próprio castelo, para construir carreira sólida, família firme, mente inabalável. Mas não, esse homem está ocupado demais sendo escravo de estímulos, acumulando microvitórias vazias enquanto a vida verdadeira escorre pelos dedos. Mas há uma boa notícia: basta um homem retomar seu lugar de honra para iniciar a restauração. Quando ele diz "eu assumo", a casa respira, a mulher sente segurança, os filhos ganham orgulho, o time volta a confiar e o entorno percebe que ainda existe futuro.

Um homem presente não precisa ser infalível, mas firme; não precisa ser invencível, mas inteiro, intencional, capaz de escutar mais do que falar, de oferecer mais do que exigir, de sustentar mais do que se esconder. Por isso, não fuja, não se esconda atrás de distrações. O mundo lá fora pode estar desmoronando, mas aqui dentro ainda há tempo para voltar ao posto, ao papel que é seu por direito e obrigação. Não ignore esse chamado.

Você foi condicionado a acreditar que precisa pedir permissão para existir. Aprendeu que, para ser aceito, deve ser apenas "agradável", mas um homem que abdica de sua força interior não traz paz, apenas exala fraqueza. Carl Jung, psiquiatra suíço, já dizia: "Um homem não é completo enquanto não integrar a sua sombra".[10] Isso significa que você precisa reconhecer sua potência, entender sua força, mas também aprender a canalizá-la com sabedoria e propósito.

Ao longo da história, os homens que fizeram a diferença no mundo não foram os mais passivos, mas aqueles que se colocaram à frente quando era preciso. Não por violência, mas por coragem: a masculinidade verdadeira não oprime, ela sustenta, orienta e cria espaço para que outros possam crescer. Quando essa essência é sufocada, surgem homens desconectados, sem direção, que buscam validação constante e vivem com medo de se posicionar.

Essa desconexão é alimentada por um sistema que prefere homens frágeis, distraídos e dependentes. Um homem que não se conhece, que não exerce liderança sobre si mesmo, é alguém facilmente manipulado. O mundo moderno, com suas distrações e atalhos, reforça essa condição, e esse homem se torna um espectador da própria vida. Fica mais fácil distrair-se com tela, comida, pornografia ou ironia do que encarar a brutalidade de não estar vivendo como deveria.

Com essa conversa, não estou lutando para retornarmos a padrões ultrapassados ou para agirmos com arrogância e prepotência, mas

---

[10] JUNG, C. **O homem e seus símbolos**. Rio de Janeiro: Nova Fronteira, 2012.

quero convidar você a assumir um papel ativo na sua vida e na vida das pessoas que dependem de você. Quero que você se apresente, a partir de agora, como solução, não mais um problema. Você deve ser base, não peso.

E essa mudança também passa pela autoconfiança de quem sabe que está no caminho certo. Homens que sabem quem são não precisam provar nada aos outros; eles não competem com o mundo, apoiam a construção. Quem se sente confiante no caminho trilhado não precisa se esconder atrás de máscaras modernas, e sabe que a real masculinidade não é uma performance, é uma presença. Entender que a masculinidade foi colocada sob ataque é o primeiro passo para recuperá-la de forma consciente e equilibrada. Um homem que se conhece e que honra seu papel é um pilar para qualquer ambiente, seja familiar, social ou profissional. Ele não precisa gritar para ser ouvido, já que sua presença, por si só, inspira respeito e segurança.

Escolha parar de se moldar a um mundo que não sabe o que é ser homem e comece a construir, dia a dia e com coragem, a sua própria definição de masculinidade. Uma definição que não seja reativa, mas criativa.

UM HOMEM QUE ABDICA DE SUA FORÇA INTERIOR NÃO TRAZ PAZ, APENAS EXALA FRAQUEZA.

04.

NÃO FIQUE MEDITANDO, FAÇA O QUE PRECISA SER FEITO

A transformação que você busca não virá de práticas superficiais ou promessas vazias. Não basta apenas ler, refletir ou meditar sobre mudança: você precisa agir de maneira clara e consistente. A solução é simples. Entenda: simples, mas nem um pouco fácil.

Como adiantei lá no começo da obra, para uma masculinidade completa é preciso construir três pilares fundamentais que sustentam qualquer homem que deseja ser respeitado: prosperidade, sabedoria e força. Não há atalhos ou substitutos para isso. Por isso que a resposta, apesar de simples, vem cheia de desafios.

Esses pilares não são conceitos abstratos, são fundamentos observáveis no dia a dia de qualquer homem respeitado e se manifestam na forma como você gere suas finanças, como se posiciona diante de conflitos, como reage diante do medo. A fraqueza em alguns desses pilares cria um forte desequilíbrio geral: homens muito fortes, mas sem sabedoria, se tornam tirânicos; muito sábios, mas sem força, se tornam ineficazes; muito prósperos, mas sem sabedoria, se tornam vazios.

Antes de irmos ao "como" mudar, entenda por que esses três pilares são inegociáveis, pois sustentam toda a estrutura quando os outros dois falham. E saiba: há momentos em que um ou outro falham. Afinal, é irreal imaginar que seremos infalíveis, que jamais erraremos. Essa ideia de infalibilidade é tão tóxica quanto a falta de ação. Temos que entender que somos humanos, propensos a erros, e por isso devemos buscar todos os dias a melhoria dos pilares, de maneira que, quando um falhar, os outros estarão firmes nesse apoio.

Um homem implacável não nasce pronto. Ele é forjado, moldado pela tensão entre o que precisa sustentar e o que não pode mais adiar. E, quando tudo ao redor balança, são os três pilares – força, sabedoria e prosperidade – que o mantêm inteiro. Não veja esses três elementos como adornos; eles são alicerces de uma vida digna. Com apenas um, fica raso; com dois, resiste por um tempo, mas cedo ou tarde colapsa. Força isolada vira rigidez; sabedoria sozinha se perde em abstrações; e prosperidade sem propósito degenera em vaidade. Somente quando os três se alinham que o homem deixa de sobreviver e começa a construir.

Força é o primeiro chamado. Quero que pense além da força física, para a que permanece quando o corpo cansa e a alma vacila. É ela que sustenta responsabilidade, encara desconforto e age quando todos hesitam. O homem forte carrega nos ombros o que não pode cair, não por culto à dor, mas porque há coisas que não podem ser deixadas no chão.

É realmente uma vergonha para um homem envelhecer, sem jamais ter visto a beleza e a força de que seu corpo é capaz.

– Sócrates em *Memoráveis,* de Xenofonte

Sócrates não falava de vaidade. Ele falava de responsabilidade. O corpo é a primeira ferramenta de qualquer homem. É nele que habitam a disciplina, a resistência e a potência que se refletem em todas as outras áreas da vida. Envelhecer sem jamais provar do que seu corpo é capaz significa desperdiçar uma parte essencial da experiência humana.

Não se trata apenas de músculos ou estética. Trata-se de honra. De olhar para si e saber que não falhou consigo. Homens que fogem do treino, que se entregam à fraqueza, não estão apenas perdendo fôlego ou força, estão rompendo um pacto consigo.

Sócrates nos lembra: a verdadeira vergonha não é perder uma luta ou sentir dor no esforço. A verdadeira vergonha é morrer sem nunca ter descoberto até onde poderia ir.

Um homem saudável não é apenas aquele que faz exames e apresenta índices dentro da tabela. Saúde verdadeira é potência, é a capacidade de agir com o corpo quando a vida exige.

Um homem deveria ser capaz de executar, no mínimo, doze barras com o próprio peso, fazer trinta apoios completos, carregar no colo alguém do seu tamanho e arrastar uma pessoa com o dobro do seu peso.

Não se trata de estética, mas de função. Esses padrões são exemplos do que um corpo preparado consegue fazer. O homem que não consegue carregar o próprio peso ou proteger alguém em necessidade está terceirizando seu papel. Força não é luxo. Força é responsabilidade. [Se você claramente percebeu que não consegue bater essa meta mínima, você pode acessar o treinamento funcional do meu sócio, Guto Galamba, totalmente gratuito, em filippeholzer.com.br/treinos. Você terá instruções de como bater essa meta rapidamente, usando o peso do próprio corpo, sem precisar estar na academia todo dia.]

Os antigos espartanos treinavam os jovens soldados, apenas meninos, para suportar frio, dor e escassez: sabiam que quem foge do desconforto não sustenta nada. Hoje, essa força aparece no bombeiro que sobe escadas quando todos descem, no pai que atravessa a madrugada em um turno exaustivo, no homem comum que, mesmo exausto, permanece porque sabe que há gente contando com ele. Não é bíceps; é simplesmente presença.

Mas força sem direção pode destruir o que deveria proteger. Por isso ela precisa da sabedoria, o saber encarnado, o discernimento que ilumina o caminho no escuro. Ela se exterioriza na voz que diz "não agora", "não assim", "não desse jeito"; na hora que você reconhece uma situação em que calar é mais valente que gritar, quando entende que firmeza é mais nobre que ceder e quando resistir é ato de amor, não de orgulho.

O homem sábio cultiva a mente com o mesmo zelo com que fortalece o corpo. Conhece história, valoriza cultura, entende nuances. Pense em Marco Aurélio, o grande estoico, escrevendo sobre propósito; ou em Leonardo da Vinci, que via harmonia tanto em uma pintura quanto na anatomia de um cavalo. O sábio é arquiteto: não só ergue, decide o que deve ser erguido, e por quê.

Força e sabedoria, porém, precisam ganhar forma no mundo, é aí que entra a prosperidade, terceiro pilar e expressão concreta dos dois. Prosperar não é ostentar; é ser útil. O homem próspero não é peso: é fonte, não se deixa sustentar, constrói. Ao gerar valor, oportunidades e soluções, vira sinônimo de multiplicação, nutrição, expansão. Prosperidade é mais do que riqueza monetária, é presença ativa na vida de quem é importante para você. Ao fazer o objetivo da sua existência resolver, melhorar e sustentar a sua vida e a dos outros, você faz sua missão, seu nome.

Além de não serem opcionais, os três pilares são interdependentes. Um sem outro gera desequilíbrio; dois sem o terceiro, limitação. Apenas quando os três se encontram, o homem se torna inteiro. É desse encontro que nasce o *self-hero*: o homem real, que não vive para agradar, mas para impactar. Alguém que não depende, decide, e que ao agir mostra ao mundo para o que veio. Esse indivíduo se torna o tipo de homem em quem os outros confiam, que os filhos respeitam e que o mundo escuta. Este é o ponto de partida: o chão firme de onde começa a jornada para se tornar um homem forte, sábio e próspero, um homem implacável no que importa.

O DESENVOLVIMENTO DO HOMEM REAL

Eu só comecei a ser levado a sério, tanto pelos outros quanto por mim mesmo, quando entendi que não bastava saber executar tarefas técnicas. Eu precisava aprender a vender, gerar valor e criar resultados concretos para ser um verdadeiro homem próspero. Quando compreendi que sabedoria não era acumular dados aleatórios, mas sim saber aplicar informações relevantes em decisões diárias, minha vida ganhou rumo. Quando percebi que força não era apenas uma questão física, mas de sustentação emocional e resiliência, comecei a batalhar para construir uma base sólida para tudo o que eu fazia.

Muitos homens se perdem acreditando em soluções superficiais. Eles imaginam que o sucesso virá de maneira rápida ou fácil, seja por meio de meditação com cristais, afirmações positivas sem ação ou visualizações sem esforço. Mas nada disso substitui o trabalho duro e constante. James Clear, autor do best-seller *Hábitos atômicos*, resume bem a discussão: "Você não sobe ao nível de seus objetivos, você desce ao nível de seus sistemas".[11] Sim, é simples assim: resultados reais são construídos com ações consistentes, não apenas intenções.

---

[11] CLEAR, J. **Hábitos atômicos**: um método fácil e comprovado de criar bons hábitos e se livrar dos maus. Rio de Janeiro: Alta Books, 2019.

Quer uma prova científica? Temos várias. Angela Duckworth, pesquisadora da Universidade da Pensilvânia, analisou cadetes de West Point, academia militar nos Estados Unidos, por dez anos e mostrou que fatores como *grit* [garra], paixão e perseverança diária são mais importantes para a conclusão do curso militar do que QI, condicionamento físico ou notas.[12] Uma pesquisa da American Management Association com centenas de executivos observou que rotinas mensuráveis – planejamento semanal, treino e revisão de metas – estavam associadas a melhorias significativas na entrega de projetos ao longo de doze meses.[13] O *Global Competitiveness Report 2024* ainda lista autogestão, resiliência e pensamento estratégico como as três *skills* mais escassas no profissional masculino moderno.[14] Ou seja: a ciência mostra que, sem sistema, a motivação vira espuma; sem rotina de aço, não há pilar que aguente.

Prosperidade não é luxo, é necessidade básica para quem deseja liberdade e independência. Se você não constrói sua prosperidade, será eternamente refém de outras pessoas, de circunstâncias e até mesmo das próprias emoções. Um homem próspero não é o que tem muito dinheiro, mas o que sabe criar valor, resolver problemas e gerar recursos mesmo em ambientes hostis. É aquele que entende que vender não é se humilhar, mas servir. Aprendi isso rapidamente quando precisei vender para quem

---

[12] DUCKWOTH, A. **Garra**: o poder da paixão e da perseverança. Rio de Janeiro: Intrínseca, 2016.

[13] AMERICAN MANAGEMENT ASSOCIATION. 3 Steps for Better Business Goal Setting at Work in a Fast-changing World. 2023. Disponível em: amanet.org/articles/3-steps-for-better-business-goal-setting-at-work-in-a-fast-changing-world/. Acesso em: 11 set. 2025.

[14] World Economic Forum (WEF). Global Competitiveness Report 2024. Geneva, 2024.

não tinha sequer um cartão de crédito, criando sistemas de pagamento alternativos e soluções que permitissem às pessoas comprarem meus produtos. Não esperei o mundo mudar ou as condições perfeitas aparecerem, eu agi, e você precisa fazer o mesmo em todas as áreas da vida.

Prosperidade também é uma questão de maturidade. Enquanto você espera o momento ideal, o dinheiro perfeito ou o sócio salvador, o tempo passa, e, junto com ele, as melhores oportunidades se esvaem.

Sabedoria também não é apenas ter diplomas ou ler livros. Ela é a capacidade prática de tomar decisões certas nos momentos críticos. Durante anos, fui professor e percebi que muitas pessoas tinham acesso à informação, mas não sabiam como aplicá-la. Conhecimento sem ação é desperdício. A sabedoria só é efetiva se aplicada à vida diária, às decisões financeiras, aos relacionamentos e ao autoconhecimento. O mundo não precisa de homens com mais opinião, precisa de homens com sabedoria prática, aquela que aparece na escolha de onde você investe seu tempo, com quem você se associa, o que você tolera em silêncio. Homens sábios não impressionam, transformam; não falam bonito, vivem com coerência.

Força, por outro lado, não é símbolo de agressividade ou competição superficial. É ser capaz de sustentar emocional e fisicamente aquilo que importa para você. Um homem forte é alguém confiável, capaz de suportar pressão sem perder o controle emocional. Combinadas, a força emocional e física sustentam a responsabilidade, especialmente quando o mundo ao redor parece estar desabando. A verdadeira força é silenciosa, e transparece naquele indivíduo que sustenta o casamento quando ninguém mais acredita, naquele que volta para o mercado mesmo depois de falir, naquele que admite seus erros e não tem medo de mudar de rota. A força não aparece no grito, aparece na persistência.

Quem domina um dos pilares deve ficar atento para uma armadilha bastante comum, que é achar que basta. O forte confunde resistência com razão e vira bruto; o sábio confunde lucidez com obra e vira crítica estéril; o próspero confunde patrimônio com caráter e desaba no primeiro abalo. Como já discutimos anteriormente, não há como um dos pilares se sustentar de maneira isolada. É preciso humildade para aceitar a ideia de integrar o que falta, renunciar ao orgulho do pilar único já conquistado. Só com essa atitude o homem encontra o eixo para sustentar o próprio nome, a casa e os outros. Por isso, comprometa-se diariamente com pequenas ações que, somadas, geram grandes resultados.

Não espere inspiração divina, não espere o momento perfeito. Comece agora, com o que você tem, onde você está. Se o seu objetivo é construir uma vida sólida, próspera e respeitável, você precisa colocar a mão na massa e fazer aquilo que muitos evitam: agir consistentemente. Assuma um compromisso consigo mesmo e pare de buscar desculpas em si e nos outros e comece imediatamente a construir a vida que você deseja, um passo de cada vez. E não faça isso apenas para agradar ou obter reconhecimentos, mas para honrar quem você realmente é e se apropriar de todo o potencial escondido que você possui. Esta é a única solução verdadeira e sustentável. Você não precisa se transformar em outro homem, mas precisa ativar aquele que já existe dentro de você e que está adormecido.

Este é o convite definitivo para deixar para trás a procrastinação e as falsas promessas, e finalmente assumir a responsabilidade por tudo aquilo que você pode se tornar. Não espere por um milagre externo, torne-se você mesmo o milagre que tanto deseja.

UM HOMEM FORTE É ALGUÉM CONFIÁVEL, CAPAZ DE SUPORTAR PRESSÃO SEM PERDER O CONTROLE EMOCIONAL.

05.

FAZER DINHEIRO NÃO É UM SONHO DISTANTE, É SUA OBRIGAÇÃO

Prosperidade não é um luxo reservado a poucos; ela é consequência natural de um compromisso entre disciplina, visão e ação consistente.

Prosperidade não é acaso nem sorte, é o fruto de colocar suas maiores habilidades em movimento. É quando o homem decide que não vai mais viver abaixo do que é capaz e ativa, com intenção, os dons que carrega.

Marketing, vendas, networking e comunicação são pontes: é por meio delas que você se torna visível, relevante e conectado. Investimentos e intimidade com o dinheiro são o terreno onde a prosperidade cresce, multiplicando frutos de forma sustentável. Resultados são o teste final: porque sem resultados, toda habilidade é apenas teoria.

No centro está a liderança. Liderança não é um cargo, é um exemplo. Não é apenas falar, é viver de forma que os outros queiram seguir. Você pode até dominar técnicas de persuasão, mas se sua vida não for inspiradora, ninguém o seguirá. Um líder de verdade não precisa levantar a voz, sua conduta fala mais alto que qualquer discurso.

Prosperidade acontece quando todas essas peças se alinham, quando você une habilidades técnicas e humanas, resultados concretos e exemplos inspiradores. Não é sobre colecionar talentos, mas sobre agir massivamente com eles. Prosperar é transformar capacidade em impacto.

E tudo isso exige intimidade com o dinheiro. Não medo, não repulsa, não obsessão. Intimidade. O homem próspero sabe para onde cada centavo vai, entende como o dinheiro cresce, como trabalha, como se multiplica. Ele não é escravo do dinheiro, é senhor dele. Porque quem não conhece o dinheiro de perto sempre acaba dominado por ele.

Quando um homem não aprende a lidar com dinheiro, torna-se refém das circunstâncias e perde a liberdade de decidir o rumo da própria vida.

Um homem que foge do dinheiro se torna um peso para todos ao seu redor. Não existe honra em depender eternamente dos outros. Tenha em mente que sua família não precisa de um sonhador, precisa de um provedor. Você não foi feito para sobreviver pedindo desconto ou parcelando dignidade, você precisa ser alguém que não apenas fala sobre liberdade, mas constrói condições para que ela exista.

A ideia de que o dinheiro é sujo ou que desejar prosperidade é sinal de ganância é uma das maiores armadilhas sociais da sociedade atual. Essa visão distorcida afasta muitas pessoas de aprenderem o básico sobre educação financeira e geração de valor. Gosto muito de uma fala de Benjamin Franklin, um dos fundadores dos Estados Unidos, sobre o tema: "Um investimento em conhecimento paga os melhores juros".[15] Gosto dela porque mostra como ganhar dinheiro começa com o esforço de entender como o mercado funciona para então aprender a resolver problemas reais ao transformar talentos em soluções rentáveis.

---

[15] FRANKLIN, B. **Poor Richard's Almanack**. New York: Penguin Classics, 2004.

A experiência mostra que os homens que prosperam são aqueles que não se vitimizam diante das dificuldades. Esta é uma mentalidade que cultivo desde o início da minha vida empreendedora. Buscar alternativas em vez de esperar condições ideais foi o que me trouxe resultados certeiros, e é isso que você também precisa desenvolver: a mentalidade de solução. Para mim, vender é uma das maneiras mais nobres de servir. Quando você aprende a vender, está aprendendo a escutar melhor, a entender o que o outro precisa e a oferecer algo que resolva esse problema. Vender com honestidade é um ato de generosidade. Só reclama de venda quem nunca aprendeu a servir direito.

Não se trata de trabalhar até a exaustão, mas de trabalhar com inteligência. Pergunte-se todos os dias: "O que eu posso oferecer hoje para resolver problemas reais do mundo?". A prosperidade nasce quando o que você entrega faz sentido para outras pessoas e gera valor para elas. Isso pode estar no seu conhecimento técnico e até em uma habilidade artesanal, é qualidade de fazer algo que você domina que o torna útil. O segredo é aprender a transformar isso em algo pelo qual as pessoas estejam dispostas a pagar.

Para conquistar a prosperidade, você precisa mudar a forma como enxerga o dinheiro. Ele não é um fim, mas um meio de alcançar liberdade e criar impacto. É como disse Napoleon Hill, autor canônico quando o tema é desenvolvimento financeiro: "A riqueza começa com um estado de espírito".[16] Se você acredita que nunca será capaz de prosperar, já começa cada dia plantando sementes de fracasso. Por outro lado, quando você entende que dinheiro é apenas uma ferramenta para potencializar quem realmente é, começa a tomar decisões mais conscientes.

---

[16] HILL, N. **Quem pensa enriquece**. São Paulo: Fundamento, 2009.

Muitos homens gastam mais do que ganham porque não têm um plano financeiro. Viver sem orçamento, gastar impulsivamente e não investir são hábitos que corroem qualquer perspectiva de crescimento. Outros evitam falar sobre dinheiro – e normalmente são os que mais vivem sufocados por ele: falam de propósito, espiritualidade e autocuidado, mas não conseguem pagar os próprios boletos no fim do mês. Entenda que prosperar não é vaidade nem símbolo de um machismo desequilibrado, é uma das maiores responsabilidades emocionais que você pode ter consigo mesmo e com quem anda ao seu lado. É preciso assumir o controle das finanças. Isso significa cortar gastos supérfluos, identificar novas fontes de renda e buscar aprendizado constante sobre investimentos, negócios e estratégias de crescimento.

Segundo um levantamento da Confederação Nacional do Comércio, Bens e Serviços, 78% dos brasileiros estão endividados, e boa parte dessa dívida é resultado da simples falta de planejamento.[17] A nova fotografia é ainda mais brutal. O Mapa da Inadimplência, publicado pela Serasa em junho deste ano, mostra 79,3 milhões de adultos devendo; destes, praticamente 40% são homens.[18] Em fevereiro de 2025, o juro médio do cartão de crédito bateu 423% ao ano.[19] Junte tudo isso ao fato que

---

[17] CONFEDERAÇÃO Nacional do Comércio, Bens e Serviços. Balanço do endividamento e da inadimplência do consumidor brasileiro em 2023. **CNC; Senac**, 2023. Disponível em: static.poder360.com.br/2024/01/inadimplencia-peic-cnc-2023.pdf. Acesso em: 7 set. 2025/

[18] MAPA de inadimplência e negociação de dívidas no Brasil. **Serasa Experian**, jul. 2025. Disponível em: serasa.com.br/limpa-nome-online/blog/mapa-da-inadimplencia-e-renogociacao-de-dividas-no-brasil/. Acesso em: 7 set. 2025.

[19] JURO do cartão de crédito sobe a 45,06% ao ano em fevereiro para cliente rotativo, mostra BC. **Valor Econômico**, 9 abr. 2025. Disponível em: valor.globo.com/financas/noticia/2025/04/09/juro-do-cartao-de-credito-sobe-a-4506percent-ao-ano-em-fevereiro-para-cliente-rotativo-mostra-bc.ghtml. Acesso em: 19 set. 2025.

o brasileiro médio trabalha cerca de 149 dias por ano só para pagar seus encargos públicos.[20] Tradução em bom português: quem não domina a lógica de juros trabalha para ela – os juros não têm pena, ponto-final. A ignorância financeira tem um custo, e esse atraso é cobrado à base de muita angústia e submissão. Você pode até fingir que não entende sobre investimentos, mas isso não te isenta das consequências, a própria estrutura do mercado pune a passividade. Para sair dessa estatística, você precisa adotar um comportamento diferente. Não é acordar e decidir ganhar milhões, mas pelo menos administrar o que já se tem com inteligência para criar uma base sólida para momentos de retração financeira.

TRABALHO, VALOR E AUTONOMIA

É fato que não existe prosperidade sem trabalho, mas nem todo trabalho gera riqueza. Trabalhar duro em algo que não tem escala ou que não agrega valor real pode mantê-lo preso em uma luta contínua pela sobrevivência. A chave está em aprender a trabalhar de forma estratégica para encontrar formas de ampliar sua atuação e de multiplicar os resultados do seu esforço.

A felicidade masculina raramente tem holofotes, ela é feita de silêncio e paz. Não a paz passiva de quem desiste, mas a paz repleta de ação de quem cumpriu o seu papel. É a tranquilidade de saber que os seus estão protegidos; que você tem as habilidades e os recursos para sustentar a vida que deseja ter; que, se o seu dia chegar, haverá amparo aos seus porque você pensou adiante: patrimônio organizado, seguros atualizados, estudos financiados, rotinas que seguem sem você.

---

[20] MARIEN, R. Brasileiros precisam trabalhar 149 dias só para pagar imposto; veja ranking. **CNN Brasil**, 29 maio, 2025. Disponível em: cnnbrasil.com.br/economia/macroeconomia/brasileiros-precisam-trabalhar-149-dias-so-para-pagar-imposto-veja-ranking. Acesso em: 19 set. 2025.

Esse cuidado tem nome: força que sustenta e prosperidade que protege. Filhos não são apenas afeto; são legado e continuidade. Um homem incompleto enxerga filhos como fardo; um homem em construção os vê como missão, e missão exige estrutura e força. Força porque criar exige nervos firmes, disciplina e presença; e prosperidade porque segurança e planejamento custam dinheiro, tempo, atenção. Não há maior verdade do que a frase presente em Provérbios, 13:22: "O homem de bem deixa uma herança aos filhos de seus filhos".[21] E, como lembrava Aristóteles, virtude se consolida no hábito, cuidar dos seus é visão de longo prazo praticada diariamente.

Quanto mais forte, sábio e próspero você se torna, mais essa paz silenciosa o acompanha. Você percebe que não precisa gritar nem provar nada a terceiros, pois no âmago sabe e confia em quem é. Essa serenidade de quem organizou o caos e construiu com propósito não se compra, não se finge, apenas se constrói com suor, silêncio e repetição.

Prover financeiramente não é apenas pagar contas, mas também gerar tranquilidade, oferecer oportunidades e construir um legado para aquele por quem você tem consideração. Quando você tem uma vida financeira organizada, pode investir no futuro dos seus filhos ao apoiar uma educação de melhor qualidade, ao prover momentos de lazer e descanso para familiares e até ao patrocinar projetos que transformam a vida de outras pessoas.

Um homem que provê constrói os alicerces invisíveis que sustentam a vida dos seus. Quando o caos ameaça, é ele que garante que a base será firme. E, sim, ele é o responsável pelos recursos concretos: alimento, abrigo, educação, segurança e oportunidade. Mas isso será

---

[21] BÍBLIA On-line. Provérbios 13:22. Disponível em: bibliaonline.com.br/acf/pv/13. Acesso em: 7 set. 2025.

só o começo. Ele não entrega apenas dinheiro, entrega direção. Não oferece apenas teto, oferece estrutura em forma de equilíbrio emocional, espiritual e moral. Quando tudo está confuso, é para ele que olham à procura de um caminho; quando o medo se instala, é ele quem transmite calma.

O verdadeiro provedor antecipa necessidades, preparando-se para o futuro e garantindo chão seguro mesmo quando ninguém percebe, tijolo por tijolo, edificando uma vida melhor para os seus. Esse homem inteiro se porta como o arquiteto oculto da estabilidade: planta hoje o que será colhido pelos outros amanhã. Pense em exemplos históricos: líderes de comunidades pré-históricas, que não apenas caçavam; conduziam o clã com sabedoria, justiça e coragem. Lembre-se de José, marido de Maria, que mesmo sabendo que o filho não era seu, entendeu a responsabilidade que vinha com aquela criança e assumiu o papel com integridade. Protegeu, guiou, respeitou. Foi discreto, firme e presente.

Pode parecer algo distante, mas não, pois mudaram apenas os métodos, a busca pela prroteção e equilíbrio familiar segue a mesma: no presente, o provedor estratégico busca conhecimento. Aprende sobre finanças, segurança, educação, saúde, liderança. Sabe que a missão não termina ao receber o contracheque, que o desafio real começa ali, fazendo aquilo ser mais para transformar o lar em um santuário de confiança e progresso.

Você tem buscado desenvolver essa visão? E faz isso por medo ou de todo coração, por honra?

Lembre-se: ganhar dinheiro é também criar autonomia, é não precisar se sujeitar a ambientes tóxicos ou a relacionamentos abusivos por medo de perder o sustento. Quando você é financeiramente independente, pode fazer escolhas melhores e alinhar sua vida aos seus

BUSCAR ALTERNATIVAS EM VEZ DE ESPERAR CONDIÇÕES IDEAIS FOI O QUE ME TROUXE RESULTADOS CERTEIROS.

valores. Prosperidade não é acúmulo: é sustentação e fruto. Prosperidade de verdade não se mede pelo que você possui, mas pelo que você sustenta, e faz frutificar. Ter muito não é o mesmo que ser próspero. Dinheiro, quando cai em mãos imaturas, vira armadilha. Uma fortuna sem propósito é apenas uma frágil gaiola dourada: há uma longa fila de homens que enriqueceram rápido e perderam tudo na mesma velocidade, pois lhes faltava estrutura e direção; confundiram ostentação com valor. O homem verdadeiramente próspero não exibe o que tem, cuida, investe, multiplica. Sua prosperidade não é ruído: é raiz.

O objetivo, afinal, é multiplicar para servir. O próspero entende que seu papel é gerar, sustentar, contribuir. Isso exige mais do que ambição, exige maturidade. Pense em Andrew Carnegie, filantropo estadunidense e um dos homens mais ricos da história que usou a própria fortuna para construir milhares de bibliotecas públicas. Entendeu que o legado não era o dinheiro, mas o impacto. Ou no rei Salomão: dispunha de ouro em abundância, mas o valor estava no juízo com que governava. Em ambos, a riqueza era consequência, não obsessão. A verdadeira prosperidade começa quando o homem entende que tudo o que possui, seja dinheiro, tempo, energia, influência, são sementes que têm o único propósito gerar vida, expansão, abundância. Foram feitas para germinar e alcançar o mundo, não ficarem presas em um cofre estéril.

Então reflita: seus recursos servem apenas ao prazer imediato ou estão sendo canalizados para algo maior? O que nasce a partir de você? O que floresce onde você planta? Prosperar não é acumular. É fecundar. É ver o mundo se tornar melhor porque você atuou para esse desenvolvimento.

É claro que tudo isso demanda constância, e insistência, mesmo quando os resultados demoram a aparecer. Muitas pessoas desistem cedo demais porque não entendem que a prosperidade é um processo acumulativo. Assim como um corpo forte se constrói com treinos diários, uma vida financeira sólida é resultado de pequenas decisões diárias: guardar um valor, aprender algo novo, ajustar hábitos de consumo. Você não precisa começar grande. Um pequeno investimento, o desenvolvimento de uma fonte de renda extra, ou até uma mudança no comportamento financeiro já são passos importantes. O problema surge quando se quer resultados imediatos sem passar pelo processo de amadurecimento. Isso só causa frustração, porque a prosperidade exige paciência, visão de longo prazo e resiliência.

Você não precisa de mais tempo, precisa de menos desperdício. Não precisa de motivação, precisa de autocontrole. Não precisa de mais recursos, precisa de criatividade. Não precisa de sorte, precisa de preparação. Não precisa estar ocupado, precisa estar focado. Não precisa saber tudo, só precisa começar.

A diferença entre o homem comum e o homem próspero não está na sorte, mas na constância. O primeiro vive de picos emocionais e impulsos de consumo. O segundo constrói aos poucos, silenciosamente, longe dos holofotes, e, um dia, o que era disciplina vira liberdade. Ganhar dinheiro é a base para que os outros dois pilares, sabedoria e força, possam ser desenvolvidos. Quando você vive no limite financeiro, não tem energia para crescer em outras áreas. Faço um convite para que você assuma o controle da sua vida financeira. Aprenda a gerar valor, a vender, a negociar e a administrar seus recursos. Assuma sua responsabilidade. Como disse Peter Drucker: "O melhor jeito de prever o futuro é criá-lo".[22] Comece a construir esse futuro de sucesso desde já com as decisões acertadas que você toma hoje.

---

[22] DRUCKER, P. **Inovação e espírito empreendedor**: práticas e princípios. São Paulo: Cengage Learning, 2010.

QUANDO UM HOMEM NÃO APRENDE A LIDAR COM DINHEIRO, TORNA-SE REFÉM DAS CIRCUNSTÂNCIAS E PERDE A LIBERDADE DE DECIDIR O RUMO DA PRÓPRIA VIDA.

HOMENS FORTES, SÁBIOS E PRÓSPEROS

@HOLZERFILIPPE

06.

INTELIGÊNCIA NÃO SE RESUME A DIPLOMA, É PRECISO SABER JOGAR O JOGO DA VIDA

A sabedoria é o segundo pilar a ser desenvolvido por um homem que deseja ser completo. Ao contrário do que muitos acreditam, ela não se mede pela quantidade de diplomas pendurados na parede ou por títulos acadêmicos conquistados. Estas são vitórias importantes, claro, mas hoje, o diploma sozinho não abre mais portas. No mundo empreendedor, por exemplo, pode nem abrir janelas. Segundo dados do Instituto Brasileiro de Geografia e Estatística (IBGE) de 2023, mais de 38% dos brasileiros com ensino superior trabalham em ocupações que não exigem diploma.[23] Uma pesquisa do mesmo ano publicada pela *Harvard Business Review* mostra que a insatisfação profissional é maior entre quem tem alto grau de instrução e pouco uso prático do conhecimento no dia a dia.[24] O nome disso é diploma sem propósito: o mundo mudou, mas muita gente ainda vive como se o canudo fosse sinônimo de sabedoria. Descobri, na prática, que ela se revela na capacidade de tomar boas decisões, de antecipar

---

[23] INSTITUTO Brasileiro de Geografia e Estatística. PNAD Contínua – Educação e Trabalho 2023. **IBGE**, 2023. Disponível em: biblioteca.ibge.gov.br/index.php/biblioteca-catalogo?view=detalhes&id=2102068. Acesso em: 7 set. 2025.

[24] AARONS-MELE, M. How high achievers overcome their anxiety. **Harvard Business Review**, Cambridge, v. 101, n. 2, mar./abr. 2023. Disponível em: hbr.org/2023/03/how-high-achievers-overcome-their-anxiety. Acesso em: 11 set. 2025.

problemas e de aprender com os erros, próprios e alheios. Inteligência real é a habilidade de usar o conhecimento para gerar impacto prático, e não apenas para acumular informações.

Vivemos numa era em que a informação está em todos os lugares. Com poucos cliques, temos acesso a mais dados do que qualquer outra geração na história. No entanto, esse excesso informacional não tornou as pessoas mais sábias: muitas vezes gera mais confusão e paralisia. As pessoas consomem conteúdos sem refletir, repetem ideias sem questionar e se perdem em teorias que não mudam nada em sua vida. O homem que pensa com liberdade não precisa seguir manadas, ele se permite discordar com elegância e refletir sem pressa. Sua mente não está a serviço da aprovação alheia, mas da própria clareza. O mundo está cheio de homens rápidos no julgamento e lentos no pensamento, mas são poucos os que se sustentam em silêncio diante do caos. Hoje, sabedoria não é sinônimo de saber muito, mas de saber o que realmente importa e agir de acordo.

A diferença entre informação e sabedoria é simples: informação é acumulação; sabedoria é transformação. Você pode assistir a dezenas de vídeos motivacionais ou fazer cursos caros, mas, se não aplicar nada do que aprendeu, continuará no mesmo lugar. Conhecimento sem prática é apenas teoria, e teoria sem ação não tem valor. A neurociência explica: o cérebro retém melhor aquilo que é colocado em prática. O processo de consolidação sináptica, que transforma informação em aprendizado duradouro, só se completa quando usamos o que aprendemos em contextos reais,[25] ou seja: quem aplica o que aprende grava esse conhecimento, quem só consome conteúdo, esquece facilmente. O homem sábio etende que, se não estoca ideias, elas precisam ser transformadas em ação. Sabedoria é o que acontece

---

[25] KARPICKE, J. D.; BLUNT, J. R. Retrieval Practice Produces More Learning than Elaborative Studying with Concept Mapping. **Science**, v. 331, n. 6018, p. 772–775, 2011.

quando a mente encontra propósito. Ela não serve só para vencer debates, mas para tomar decisões difíceis com calma, criar estratégias em meio ao caos e proteger-se da impulsividade.

Um homem sábio não se limita ao que é útil no curto prazo. Ele entende que cultura, arte, história, geopolítica, política e filosofia não são acessórios intelectuais, mas alicerces que moldam sua visão de mundo. Ignorar esses campos é viver com o horizonte encurtado. A arte ensina a perceber a beleza e a sutileza. A história revela padrões que sempre retornam. A geopolítica mostra como os povos se movem, como impérios crescem e caem. A política ensina sobre poder, liderança e decisão. E a filosofia, desde os gregos até os estoicos, disciplina a mente para não ser escrava de ilusões.

O homem que busca sabedoria não lê apenas para acumular informação. Ele lê para discernir. Para não ser manipulado. Para sustentar opiniões que resistam ao tempo. Para enxergar a vida em profundidade, e não em superfície. Sábio é o homem que se arma com cultura. Porque cultura é munição. É ela que o torna mais difícil de enganar, mais forte em debate, mais preparado para liderar. Quem não busca cultura, permanece um analfabeto funcional em um mundo que exige clareza.

O homem sábio é aquele que observa, analisa e age. Ele não se deixa levar por emoções momentâneas nem por opiniões alheias. Ele sabe ouvir, filtrar e decidir. Isso não significa que ele não erra; significa que aprende rápido com seus erros e ajusta o rumo sem perder tempo com lamentações. Homens sábios não vivem no automático, eles usam a mente como escudo e espada na luta do dia a dia.

A DINÂMICA DA RIQUEZA

Antes de falar de futuro, é preciso saber onde está. Você não chega ao destino sem primeiro reconhecer o ponto de partida. Muitos se iludem com metas grandiosas, mas continuam cegos para a realidade em que vivem. A clareza de posição é o que rompe a paralisia do "contraste de ação", essa ideia de que você precisa saber tudo antes de começar. Ninguém entra na escola de Medicina já sabendo todo o currículo. Primeiro, matricula-se. Depois, aprende. O mesmo vale para a riqueza: você começa caminhando, mesmo sem enxergar o mapa inteiro.

O primeiro nível é o de vítima. O homem preso em dívidas ou sem renda alguma. Sua única missão é gerar oxigênio financeiro: ganhar o mínimo que seja para sair da asfixia. Quando dá esse passo, torna-se sobrevivente. Vive de salário em salário, sem sobra, mas ao menos respira. O sobrevivente precisa encontrar uma maneira de produzir um pequeno excedente – só então terá fôlego para avançar.

Com um saldo positivo, nasce o trabalhador. Ele ainda troca tempo por dinheiro, mas já consegue acumular algo além da mera subsistência. A maioria para aqui. Os que seguem, tornam-se jogadores: começam a usar suas habilidades para gerar fluxo de caixa real. O jogador é o próprio negócio; depende dele, mas já não depende só do emprego.

Quando esse fluxo cresce, o jogador evolui para construtor. Aqui começa a escala. Contrata alguns, delega tarefas, amplia a base. Mas é no nível de arquiteto que a verdadeira prosperidade desponta: o homem monta uma equipe, seleciona pessoas certas, cria sistemas que funcionam. Nesse ponto, sua receita começa a se desconectar do tempo.

O passo seguinte é a soberania. O homem alcança liberdade de tempo e de lugar. Pode ir aonde quiser porque tem operadores cuidando da máquina. A renda flui mesmo sem sua presença.

No ápice, está o visionário. Esse já não é mais escravo do dinheiro nem prisioneiro da rotina. Ele usa sua liberdade para inspirar, ensinar e transformar. O visionário já não luta apenas por si – ele molda o mundo ao seu redor.

Marco Aurélio, em suas *Meditações*, afirmou: "A perda da vida não é morrer, mas desperdiçar a vida em coisas sem sentido".[26] Quantos homens hoje gastam horas em discussões inúteis nas redes sociais, defendendo pontos de vista em assuntos que não mudam nada em sua vida, enquanto suas próprias questões permanecem estagnadas? Isso não é inteligência, é fuga da realidade. A verdadeira sabedoria está em investir energia naquilo que realmente faz diferença para o próprio desenvolvimento.

Saber jogar o jogo da vida é entender que o mundo não é um campo neutro, mas um espaço de disputas, escolhas e consequências. Viver exige mentalidade estratégica, a mesma que líderes, empresários e pensadores aplicam para vencer desafios. O estrategista chinês Sun Tzu, em *A arte da guerra*, resumiu um importante conceito em poucas palavras: "A suprema arte da guerra é derrotar o inimigo sem lutar".[27] No jogo da vida, isso significa vencer problemas com planejamento e inteligência, o que não significa prever tudo, mas saber o que fazer quando o inesperado acontece. E, acima de tudo, envolve não entrar em batalhas que não valem a sua paz. Todo homem que se torna sábio aprende que sua atenção é um ativo precioso e que qualquer distração pode custar caro.

Essa visão estratégica não se limita ao trabalho ou aos negócios. Ela se aplica à vida pessoal, aos relacionamentos e até às finanças. Saber negociar, comunicar e estabelecer limites claros são sinais de sabedoria prática, e o homem sábio escolhe seus conflitos e investe energia apenas onde pode causar impacto positivo.

---

[26] AURÉLIO, M. **Meditações**. Tradução de André Malta. Rio de Janeiro: Rocco, 2017.

[27] TZU, S. **A arte da guerra**. São Paulo: Edipro, 2015.

O FARDO DA CONSCIÊNCIA

Arthur Schopenhauer descreveu a vida como uma lenta e inevitável desilusão. Para ele, quanto mais inteligência, mais dor. A mente que se expande descobre também a extensão do sofrimento. Em Eclesiastes se diz: "Quem aumenta o conhecimento aumenta a aflição". A sabedoria antiga e a filosofia moderna convergem: lucidez não é alívio, é peso.

A criança vê encanto onde existem apenas truques de mágica. O ingênuo encontra redenção onde há manipulação. Mas aquele que enxerga fundo demais já não tem o luxo da ignorância. Seu sofrimento não decorre de um mundo pior, mas da incapacidade de fingir que não vê. A consciência arranca as máscaras, e junto com elas, a anestesia que protegia.

O filósofo Emil Cioran chamou essa condição de ferida próxima do sol: quanto mais clareza, mais ardor. A psicologia contemporânea, em estudos sobre ruminação cognitiva (Nolen-Hoeksema, 2000), mostra como a mente lúcida sofre ao repetir cenários de perda, injustiça e finitude. A neurociência confirma: cérebros com maior atividade no córtex pré-frontal tendem a processar de forma mais intensa ameaças e incertezas, o que explica por que pessoas mais inteligentes apresentam correlação mais alta com ansiedade existencial (Perkins *et al.*, *Intelligence*, 2015).

Mas a sabedoria não é amargura. O homem que suporta a ferida da lucidez encontra nela também sua libertação. Quando entende que tudo é transitório, o apego se torna veneno. Quando percebe que grande parte da vida é máscara, o silêncio vira abrigo. Epicteto lembrava: "Não são as coisas que nos perturbam, mas a interpretação que damos a elas".

O sábio não foge da dor de ver, mas aprende a carregá-la sem se deformar. Não nega a ferida, mas a integra. E assim descobre: a consciência, embora seja um fardo, é também o caminho mais honesto para a liberdade interior. Só os fortes suportam essa ferida sem se tornar amargos.

Sabedoria não é feita de frases bonitas nem de livros empilhados na estante. Ela nasce do atrito entre experiência e reflexão; da capacidade de transformar informação em julgamento, e julgamento em ação eficaz. O homem sábio não vive repetindo máximas decoradas nem busca soar inteligente, ele vive escolhendo bem. Pesando. Observando. E, só então, se pronunciando.

Acredito firmemente que sabedoria está menos na boca e mais no olhar. Está na paciência de quem reconhece que o tempo tem camadas, que nem tudo se resolve agora, que nem toda ação precisa de resposta imediata, mas que a hora chega. O tolo é ansioso, confunde velocidade com eficácia. O sábio, ao contrário, conhece o valor do compasso certo, da pausa antes do pulo, da contenção antes da queda.

Ser sábio é ter postura. Não aquela arrogância intelectual de quem aponta o dedo, mas a firmeza silenciosa de quem age com precisão. Ele sabe que a mente pode ser tão fraca quanto um músculo atrofiado, e por isso a exercita diariamente ao ler com atenção, pensar com profundidade e escutar com humildade. Ele não se move por inveja, por vaidade, por impulso. Raciocina friamente, julga as opções, e só então executa, pois sabe que uma decisão mal tomada pode custar anos. Ele se posiciona, sim, porque sabe que se isentar é uma covardia, mas jamais sem critério. E essa postura mental, esse domínio dos impulsos, essa presença em cada escolha, é o que diferencia o homem que vive reativo do homem que vive construindo.

Ser sábio é ter consciência de que pequenas escolhas diárias acumulam resultados enormes ao longo do tempo. Um estudo da Universidade de Warwick observou que pessoas que criam micro-hábitos ligados à aprendizagem, como ler dez minutos por dia, aumentam seu desempenho geral em até 27% após seis meses de prática.[28] O mesmo vale para finanças, saúde, relacionamentos. O homem sábio não aposta tudo em uma única tacada; ele constrói vantagem todos os dias, no detalhe. A forma como você cuida do seu corpo, administra seu dinheiro, cultiva seus relacionamentos e usa seu tempo determina quem você será nos próximos anos. É fácil culpar as circunstâncias ou o passado, mas um homem sábio olha para a frente, assume a responsabilidade pelas próprias escolhas e busca melhorias para o futuro.

Saber ouvir, refletir e, então, agir é uma das habilidades mais poderosas que você pode desenvolver. Confúcio, filósofo chinês, disse: "Aquele que aprende mas não pensa é perdido; aquele que pensa mas não aprende está em grande perigo".[29] É isso que separa os líderes dos seguidores: os que criam oportunidades e os que apenas reagem aos acontecimentos, mesmo que sejam derrotas, pois sabem que há algo a aprender. Thomas Edison, inventor da lâmpada elétrica, dizia: "Eu não falhei. Apenas descobri 10 mil maneiras que não funcionam".[30] Essa mentalidade é fundamental para qualquer homem que deseja construir uma vida de impacto. Em vez de temer os erros, aprenda com eles. Reflita sobre as lições que cada situação traz e use esse aprendizado para tomar decisões melhores no futuro. Esta é a essência da sabedoria: aprender, adaptar e continuar.

---

[28] UNIVERSITY OF WARWICK. Learning and Performance Habits Study. Centre for Behavioural Science, 2021.

[29] CONFÚCIO. **Analectos**. São Paulo: Editora Unesp, 2012.

[30] EDISON, T. Eu não falhei [...]. Pensador, 2025. *apud* DYER, F.; MARTIN, T. Edison: His Life and Inventions, 1910. Diponível em: www.pensador.com/frase/NTQwOTI1/. Acesso em: 7 set. 2025.

O PESO DAS PALAVRAS

A maneira como você fala dos outros revela, inevitavelmente, quem você é. E mais do que revelar, ela molda. A psicologia cognitiva chama isso de "transferência espontânea de traços", fenômeno descrito em estudos de John Skowronski e Donal Carlston (1998). Estes demonstraram que sempre que alguém descreve outra pessoa, positiva ou negativamente, o próprio cérebro do falante passam a associar esses traços ao emissor da fala.

Em outras palavras, quando você chama alguém de hipócrita, seu cérebro registra esse traço em você. Quando diz que fulano é generoso, sua mente absorve parte dessa generosidade para dentro de sua autoimagem. A neurociência confirma: as redes neurais que usamos para julgar os outros são as mesmas que utilizamos para definir a nós mesmos. Ao atacar, você se veste com as armas que apontou. Ao elogiar, se fortalece com a virtude que reconheceu.

E há mais: não é apenas sua mente que se contamina, é também sua reputação. Pesquisas em psicologia social (Carlston, 2014) mostram que ouvintes associam inconscientemente as características que você descreve nos outros à sua própria identidade. Quem escuta você falar mal de outras pessoas passa a enxergar em você os mesmos traços. Como diz o provérbio antigo: "Ao apontar um dedo, três retornam na sua direção".

A sabedoria dos séculos já intuía o que hoje a ciência comprova: a linguagem é um espelho. Ela não reflete apenas o mundo; reflete sobretudo você. A maneira como descreve a realidade externa é o molde com que o seu cérebro fabrica sua realidade interna. Palavras não são neutras, são sementes. As malditas envenenam; as benditas frutificam.

Por isso, o homem sábio não desperdiça sua boca em murmúrios ou maledicência. Ele sabe que cada palavra pronunciada é uma pedra colocada, ou retirada, na construção de sua própria identidade. Quem deseja uma vida amaldiçoada fala maldição. Quem deseja uma vida abençoada, abençoa. Não porque é ingênuo ou positivo demais, mas porque compreende a lei silenciosa que governa a mente: você se torna o que você descreve.

E como ensinava Sócrates, antes de falar algo sobre alguém, submeta suas palavras ao filtro triplo: É verdade? É bom? É útil?

Se as respostas forem negativas, então não merece ser dito. O homem sábio não fala para envenenar, mas para edificar. E ao filtrar suas palavras, ele não apenas protege os outros, protege a si próprio.

Faço, agora, um convite para você parar de confundir títulos com sabedoria. Leia, estude, aprenda, mas, acima de tudo, aplique o que aprendeu. Um homem sábio é aquele que se torna útil, confiável e capaz de melhorar o ambiente em que está. Ele é referência, não por aquilo que sabe, mas por aquilo que faz com o que sabe. A verdadeira sabedoria não se exibe, conduz com honra, lucidez, justiça e prudência. Não levanta a voz, não impõe com agressividade, não se afirma pela força. Reina de forma invisível, mas inegável. Este é o trono que o homem sábio ocupa: o governo de si mesmo.

Como Salomão, cuja sabedoria era tamanha que reis e rainhas cruzavam desertos só para ouvi-lo, ou como Cícero, cuja eloquência moldava leis e decisões baseadas em ética e razão, o homem sábio lidera não porque busca o poder, mas porque a coerência entre o que diz e o que faz o torna inevitavelmente uma referência para sua comunidade. É alguém procurado quando o caos toma conta, quando a dúvida exige um norte, quando o impulso pede contenção. Sua vida se torna conselheira. Seu silêncio, muitas vezes, vale mais do que mil argumentos.

A sabedoria é esse reinado silencioso que não precisa de coroa, mas sustenta reinos. E onde há um homem assim, há alicerce. Há visão. Há futuro. E é justamente por isso que, a seguir, falaremos de força: presença sob controle que transforma discernimento em sustentação diária.

MEMENTO MORI: A LEMBRANÇA QUE DESPERTA

Lembre-se: você vai morrer. Esta é a verdade que nenhum homem pode negociar. Os romanos sussurravam *memento mori*, "lembra-te da morte", no ouvido dos generais vitoriosos. Era o antídoto contra a soberba. Porque a glória de hoje pode ser pó amanhã.

Os estoicos fizeram desse lembrete uma disciplina. Acredita-se que Marco Aurélio escrevia: "Você pode não despertar amanhã", que Sêneca lembrava que a vida não é curta, mas nós é que a desperdiçamos, e que Epicteto aconselhava a viver cada despedida como se fosse a última.[31]

Não é pessimismo, é clareza. Só o homem que aceita a finitude vive desperto. Só ele entende que cada escolha pode ser a última, e por isso cada ato precisa valer a pena.

E é aqui que Confúcio ecoa: "Todo homem tem duas vidas, e a segunda começa quando ele percebe que só tem uma".[32]

Essa percepção é o ponto de virada. A primeira vida é a do adormecido – distraído, preso a ilusões, adiando o essencial. A segunda é a do desperto – o homem que olha para a morte e escolhe viver com urgência, propósito e honra.

Memento mori não é sobre a morte. É sobre a vida que não pode mais ser desperdiçada.

---

[31] 27 FRASES do Estoicismo PODEROSAS para Fortalecer a Mente. **Cadernos Filosóficos**, 13 out. 2023. Disponível em: www.cadernosfilosoficos.com.br/blogs/arte-e-filosofia/28-frases-do-estoicismo-poderosas-para-fortalecer-a-mente?srsltid=AfmBOopU-tdZaH5PTCH-Rs-lroWCw3-fs4fGrhP8WYQliP29QVXBx6Mc. Acesso em: 16 out. 2025.

[32] Todos temos duas vidas. A segunda começa quando percebemos que só temos uma. *In*: Pensador. Disponível em: www.pensador.com/frase/MjgxMzA0MA/. Acesso em: 16 out. 2025.

07.

SER FORTE NÃO É GRITAR, É SER RESPEITADO SEM PRECISAR ABRIR A BOCA

Muitos homens confundem força com agressividade, acreditando que precisam intimidar ou impor medo em troca de respeito. A maioria prefere parecer forte a fazer o trabalho de se tornar forte de verdade. Essa visão distorcida da força só afasta as pessoas e revela insegurança. Homens fortes de verdade não precisam fazer pose, já impressionam por serem fiéis à própria palavra. A verdadeira força não faz barulho, ela se impõe pelo exemplo e pela presença.

Antes de confundir força com silêncio total, entenda como canalizar a raiva para que ela trabalhe a seu favor, e não contra você. A raiva tem má fama, mas é um sinal importante a ser observado. Empurrá-la para debaixo do tapete não a elimina; só a deforma. A raiva verdadeira, a que nasce quando valores são violados, é um pedido de atenção: algo que importa para você está em risco. Sem preparo, muitos oscilam entre dois extremos: reprimir até virar apatia ou explodir e ferir quem não tem culpa. Há um terceiro caminho, o que recomendo: ouvir, nomear e direcionar esse sentimento. Trate a raiva como combustível para uma resolução acertada: pause, respire, pergunte o que ela está tentando proteger e escolha um gesto que construa, não que destrua. Transforme indignação em coragem, revolta em ação, energia em direção. Quando um homem encara a própria raiva com honestidade, descobre que, por baixo dela, há dor, zelo e senso de justiça.

Sugiro um exercício: da próxima vez que sentir raiva, não fuja. Fique, ouça, traduza em atitude correta. Leve essa força com você, não como fardo, mas como lembrete de quem você precisa ser. É por isso que força de verdade é presença sob controle, e começa assim: um homem forte é aquele que se mantém firme em meio às tempestades da vida. Ele não se desespera diante do caos, não se desorganiza com críticas e não desmorona diante dos obstáculos.

Desaprender a lutar não é só esquecer como evitar socos, é evitar qualquer enfrentamento: crítica, rejeição, injustiça. É calar por medo de desagradar, e, assim, trocar presença por conforto. Antigamente, a luta era rito de passagem: hematomas ensinavam humildade; quedas, resiliência; dor, limites. Hoje, porém, muitos confundem luta com violência e opressão. Orgulham-se de "nunca ter batido em ninguém", mas jamais protegeram alguém que precisou; dizem ser do diálogo, mas se calam quando a verdade pesa.

Fuga tem preço: homens que evitam desconforto trocam conversas difíceis por piadas, direção por presentes, entrega por distração, e ainda chamam isso de maturidade, mas vamos ser sinceros: é simplesmente omissão. Em um mundo caótico como o nosso, essa é uma atitude perigosa.

A luta molda a alma, pois paz genuína não se implora; conquista-se. Se você perdeu o instinto de lutar, resgate-o, não para virar brigão, e sim para ser o homem cuja postura silencia a covardia ao redor. Volte a lutar: por você, pelos seus, por tudo o que ainda pode ser construído.

A primeira forma de força que um homem precisa cultivar é a emocional. Pesquisadores da Universidade da Pensilvânia identificaram que pessoas com alta resiliência emocional ativam com mais frequência o córtex pré-frontal, a região responsável pela tomada de decisão sob pressão.[33] Isso pode explicar por que geralmente homens que desenvolvem autocontrole conseguem liderar com clareza mesmo em cenários caóticos. E essa força não nasce do nada: ela se treina, como um músculo. Ser emocionalmente forte não significa reprimir sentimentos, mas saber lidar com eles de forma saudável e consciente. A força emocional se desenvolve com autoconhecimento e prática.

"Quando não podemos mudar uma situação, somos desafiados a mudar a nós mesmos." A frase de Viktor Frankl[34] resume bem essa interpretação que tento viver: ela mostra que a vida nem sempre será justa ou previsível, mas podemos controlar a forma como reagimos. É permanecer firme quando tudo ao redor está caótico. Força não é vaidade, é capacidade, autocontrole; é estar pronto para proteger e sustentar quando a vida cobra, mesmo com medo, mesmo cansado. Força que vale não terceiriza tudo: ela habita o corpo, a mente e o instinto. Mas faço um alerta: jamais confunda força com agressividade. Força madura é presença sob controle: encarar o problema, impor limites sem humilhar, manter a calma quando o caos aparece.

Construa prontidão. Além de treinar o caráter, treine o corpo de forma consistente. Uma arte marcial ou defesa pessoal, praticada com afinco e seriedade, desenvolve disciplina, leitura de risco e reação correta, não para dominar os outros, mas para não ser dominado por medo, preguiça ou dúvida. O homem que trata a força como ferramenta torna-se pilar: confiável, estável, útil.

---

[33] SISTI, D. *et al.* Prefrontal Activation and Emotional Resilience: Functional MRI Evidence. **Journal of Cognitive Neuroscience**, v. 27, n. 3, 2015.

[34] FRANKL, V. *op. cit.*

Embora a força física não seja o único aspecto da verdadeira força, ela também é uma faceta essencial para esse pilar. Um homem que não consegue cuidar do próprio corpo dificilmente conseguirá proteger os outros ou lidar com os desafios físicos da vida. Treinar, manter um corpo saudável e funcional não é vaidade, mas sim um ato de responsabilidade.

Esteja pronto de corpo inteiro. Missão no coração sem preparo no corpo falha no primeiro teste. Força não é estética: enxergue a função antes do espelho. O corpo masculino não é adereço; é ferramenta viva, afiada e resistente, a serviço da vida que você escolheu liderar. Ser forte é responsabilidade, é estar apto a correr quando preciso, erguer um filho no colo, carregar alguém, subir, nadar, resistir. Quando a vida cobra, não pergunta se você treinou, só verifica se você aguenta. Por isso, vulnerabilidade constante não é apenas um símbolo de fragilidade, é um risco real.

Os espartanos, na Grécia Antiga, compreendiam bem isso. Para eles, o corpo era uma ferramenta de sobrevivência, não um adorno. Os guerreiros eram treinados para suportar frio, fome e dor porque sabiam que a vida de soldado exigiria resistência de seus corpos. Essa lógica permanece verdadeira hoje: o mundo moderno pode não exigir batalhas físicas, mas exige disciplina, disposição e vigor.

A prática regular de exercícios físicos não fortalece apenas os músculos – ela também protege a mente. Revisões publicadas pela Harvard Health Publishing[35] mostram que pessoas fisicamente ativas apresentam menos sintomas de ansiedade, depressão e estresse psicológico, além de maiores níveis de autoestima. O movimento regular atua como fator protetor da saúde mental e emocional. Cuidar do corpo não é vaidade, é investimento direto em clareza mental, produtividade e equilíbrio

---

[35] SALAMON, M. Regular Physical Activity can Boost Mood. ***Harvard Health Publishing***, Boston, 2023. Disponível em: www.health.harvard.edu/mind-and-mood/regular-physical-activity-can-boost-mood. Acesso em: 11 set. 2025.

emocional. Sem corpo forte, até o espírito se desequilibra. A prática de exercícios ensina disciplina, resiliência e persistência. Cada treino é uma lição de superação, um lembrete de que você é capaz de ir além do que imagina. Além disso, um corpo saudável impacta diretamente a mente, aumentando a clareza mental e a confiança.

Entre as práticas que alinham força com propósito, as artes marciais, em especial o jiu-jitsu, formam virtudes sob pressão, e indico muito para quem quer começar um treino sério que fortalecerá corpo e mente. Você aprenderá a respirar quando falta ar, a pensar sob pressão, a ceder sem se entregar, perder sem vitimismo, vencer sem arrogância. Repetir o básico até que técnica vire reflexo. Hierarquia vira orientação; respeito não se exige, se conquista. O resultado? Desenvolvimento de caráter utilizável: força com direção, presença com autocontrole. O que se treina em silêncio aparece na vida, na criação dos filhos, na liderança do time, nas crises em casa ou no trabalho. Tudo isso sem perder controle.

Homens que gritam para serem ouvidos, na verdade, estão tentando compensar uma ausência interna de autoridade. As pessoas respeitam aqueles que demonstram coerência entre palavras e ações. Você não precisa levantar a voz para ser ouvido, a autoridade nasce do domínio de si, da clareza no olhar e da firmeza nas escolhas. O homem que se conhece não precisa provar nada a ninguém. Ele inspira apenas por ser inteiro.

Pense em um líder que você admira, não importa a área de atuação dele. Provavelmente ele não é o que mais fala, mas sim aquele que age de forma firme, justa e corajosa. Esta é a força que precisamos cultivar: uma força que não busca provar nada, mas que naturalmente se faz notar.

Paz não nasce da fragilidade, nasce de preparo. Nações respeitadas evitam guerra porque deixam claro que estão prontas. Com o homem forte, a reação é igual, ele silenciosamente transmite: "estou preparado". Isso reduz conflito, não por medo, mas por respeito ao limite. Como uma ponte que precisa ser sólida para sustentar a travessia, o homem precisa sustentar a si e aos seus. Masculinidade saudável exige força como base: fundamento da liderança, da proteção e da própria palavra. A paz é consequência da força.

Jordan Peterson, autor estadunidense da obra best-seller *12 regras para a vida*,[36] afirma: "Um homem inofensivo não é um homem bom. Um homem bom é um homem muito perigoso, que mantém sua força sob controle voluntário".

A frase é cortante porque expõe um erro comum da modernidade: confundir fraqueza com virtude. O homem incapaz de gerar violência não é pacífico, é inofensivo. Ser verdadeiramente pacífico exige potência, a capacidade real de causar dano e, acima dela, a escolha consciente de não usá-la.

A virtude não está na ausência de força, mas no domínio dela. É esse controle que diferencia o homem imaturo, que teme sua própria agressividade, do homem inteiro, que a reconhece, a integra e a coloca a serviço do bem.

Outro ponto essencial da força é a responsabilidade. Não adianta ser fisicamente forte ou ter uma postura confiante se você foge das responsabilidades da vida. A força verdadeira se manifesta quando você assume seu papel de protetor e provedor, quando enfrenta problemas em vez de esperar que outros os resolvam.

Jordan Peterson ainda afirma que assumir responsabilidade é o caminho para uma vida significativa. Ele explica que um homem

---

[36] 36 PETERSON, J. **12 regras para a vida**: um antídoto para o caos. Rio de Janeiro: Alta Books, 2018.

deve carregar o peso da vida com dignidade em vez de buscar uma existência sem esforço. A força não é apenas resistir ao peso externo, mas também sustentar valores e convicções. Crescer exige dor, reconstrução, escolha, mas a força verdadeira nasce quando você traça uma linha no chão e decide: daqui não volto mais, a partir desse ponto, só aceito avanço. Essa decisão silenciosa molda um novo tipo de homem, firme, confiável, necessário.

Construir essa presença forte é um processo diário. Começa pelo cuidado com o corpo, passa pelo desenvolvimento emocional e se completa com a clareza de propósito. Um homem que sabe quem é, o que quer e como deve agir transmite confiança sem precisar dizer uma palavra.

Essa construção não é rápida nem fácil, exige tempo, paciência e consistência. Essa construção silenciosa tem nome: força de caráter. Segundo pesquisas da Character Lab e estudos de Angela Duckworth, homens (e pessoas em geral) com níveis elevados de autocontrole, propósito de vida e gratidão tendem a ter melhor desempenho profissional, bem-estar emocional e capacidade de manter decisões firmes ao longo do tempo.[37] Essas qualidades não são apenas sinal de força, mas expressões de consistência e caráter percebido socialmente. São os pequenos atos repetidos com constância diária que moldam um homem forte de verdade. Não existe fórmula mágica para isso, apenas trabalho insistente.

Um homem forte é um homem que se conhece, que se cuida e que se responsabiliza pelo impacto que tem no mundo. Ele não

---

[37] DUCKWORTH, A. L. Self-Control Playbook: Doing What's Best Despite Short-term Temptations. **Character Lab**. Disponível em: characterlab.org/playbooks/self-control/. Acesso em: 11 set. 2025.

busca aplausos, mas respeito, e isso é conquistado, não imposto. Ser forte, em última análise, é ser confiável. E confiabilidade é o maior sinal de poder que você pode ter. Mas não basta apenas se sustentar. Um homem precisa ser forte porque precisa agir massivamente para conquistar o mundo. Para expandir seus negócios, para dominar o seu nicho, para abrir caminho onde antes havia bloqueio. A força não é só defesa, é avanço. Sem disposição, sem ação massiva, o homem degenera em inércia, e a inércia é a morte lenta de todo potencial.

PAZ NÃO NASCE DA FRAGILIDADE, NASCE DE PREPARO.

08.

NÃO BASTA
SER RICO OU
INTELIGENTE,
VOCÊ PRECISA
SER INTEIRO

Um homem verdadeiramente respeitado não é aquele que se destaca apenas por uma única qualidade, seja riqueza, inteligência ou força. Ser assim por muito tempo transparece um desequilíbrio, e se tem uma coisa que a vida exige é equilíbrio. É comum vermos homens que alcançaram grande sucesso financeiro, mas que são emocionalmente destruídos. Outros, que são intelectualmente brilhantes, mas incapazes de tomar decisões práticas. E ainda aqueles que, apesar de fortes fisicamente, permanecem perdidos, sem propósito e dependentes emocionalmente. Nenhum desses extremos representa um homem inteiro.

Um estudo da McKinsey & Company com mais de 5 mil executivos revelou que líderes que desenvolvem simultaneamente competências emocionais, cognitivas e físicas são percebidos como mais confiáveis e geram até 30% mais engajamento em suas equipes.[38] Pelo que acompanho com meus mentorandos, concordo plenamente, e ainda acrescento: o mesmo vale para a vida pessoal. Equilíbrio entre razão, emoção e presença física cria respeito orgânico. O homem

---

[38] MCKINSEY & Company. The State of Organizations 2022: Ten Shifts Transforming Organizations. **McKinsey Global Institute**, 2023. Disponível em: mckinsey.com/capabilities/people-and-organizational-performance/our-insights/the-state-of-organizations-2023. Acesso em: 7 set. 2025.

que se desenvolve só de um lado se torna uma caricatura, sempre pendendo para um lado e nunca em equilíbrio: forte e vazio, rico e ansioso, sábio e improdutivo.

Ser completo significa integrar os três elementos discutidos aqui. Esses pilares formam a base que sustenta um homem capaz de liderar, proteger e inspirar confiança. Se um deles falta, o equilíbrio se perde. O homem que só desenvolve o corpo vira um robô sem alma. O que só estuda, mas não age, vira um filósofo improdutivo. O que só ganha dinheiro sem cuidar do emocional vira um rei solitário, cercado de bajuladores. A completude exige humildade para reconhecer o que está faltando, e coragem para agir.

O MITO DO SUPER-HOMEM

Vivemos em uma era que vende a ilusão da real existência do super-homem: aquele que tem tudo sob controle, é invencível e nunca falha. Mas isso é apenas fachada. A realidade é que todos temos áreas que precisam ser fortalecidas e integradas diariamente, o resto da vida. A busca não é pela perfeição, mas pela completude. Um homem inteiro não é aquele que sabe tudo, mas aquele que reconhece suas lacunas e trabalha insistentemente para preenchê-las.

Bruce Lee vive sob essa visão, e certa vez se pronunciou a respeito disso: "Não rezo por uma vida fácil, mas por forças para suportar uma vida difícil".[39] A completude nasce do esforço constante para melhorar em todos os aspectos: físico, mental e financeiro. A força de um homem está na sua capacidade de unir todas essas áreas em harmonia, algo que não se conquista de uma vez, e sim em decisões pequenas: acordar mais cedo para treinar, controlar o impulso de

---

[39] LEE, B. **Palavras de um guerreiro**. São Paulo: Cultrix, 2010.

gastar, silenciar para escutar. O homem inteiro é o que sabe dançar entre o foco e a flexibilidade, a firmeza e a escuta, o poder e o serviço.

Essa harmonia exige visão e manutenção constante. A Universidade Stanford, em estudo com mais de mil adultos de meia-idade, concluiu que os mais satisfeitos eram os que mantinham equilíbrio entre trabalho, aprendizado contínuo e autocuidado. Eles relataram maior sensação de propósito, menos sintomas de depressão e relacionamentos mais duradouros.[40] Completude não é marketing pessoal, é sobrevivência emocional.

Prosperidade é o pilar que garante liberdade e estabilidade. É o que permite que você viva com autonomia, faça escolhas alinhadas aos seus valores e ofereça segurança a quem depende de você. Mas sem sabedoria pode se transformar em ostentação vazia e desperdício. Quantos homens você conhece que têm dinheiro, mas vivem infelizes, cercados de pessoas que apenas se aproveitam deles? O dinheiro, por si só, apenas amplifica o que já está dentro de você. Se você é vazio, ele vai deixar sua solidão mais cara. Se você é desequilibrado, ele vai acelerar sua queda. Por isso, antes de buscar mais conquistas externas, o homem sábio busca integridade interna. Ele entende que a riqueza verdadeira começa com equilíbrio.

A sabedoria é o pilar que dá sentido às suas conquistas. É o que o impede de viver apenas para acumular bens e lembra você do que realmente importa. Ela se manifesta em decisões equilibradas, na capacidade de aprender com os erros e na humildade para ouvir e

---

[40] STANFORD Life Design Lab. Purpose, Balance and Resilience in Midlife Adults, Stanford University, 2023. Disponível em: lifestylemedicine.stanford.edu/finding-purpose-in-midlife/. Acesso em: 19 set. 2025.

se adaptar. Sem sabedoria, um homem rico é apenas um alvo fácil para os próprios erros.

A força, por sua vez, é o pilar que garante resiliência. É a força emocional para suportar pressões, a força física para se manter saudável e ativo, e a força mental para não desistir diante das adversidades. Um homem próspero e sábio, mas frágil, terá dificuldades para sustentar seus projetos, porque o mundo exige resistência.

Jim Rohn, um dos maiores mentores de desenvolvimento pessoal, dizia: "Trabalhe mais em si mesmo do que no seu trabalho".[41] A frase ilustra a ideia de que não basta crescer em apenas uma área, é preciso evoluir por inteiro ao integrar mente, corpo e espírito.

A neurociência já demonstrou que a coerência entre intenção e ação fortalece os circuitos de recompensa do cérebro, gerando mais foco e satisfação duradoura.[42] Isso explica por que homens que vivem com consistência em seus três pilares transbordam presença. Eles não precisam convencer ninguém, eles inspiram porque estão inteiros em cada uma de suas ações.

O caminho para a completude não é fácil, mas é possível. Começa com a consciência de onde você está hoje. Pergunte-se: *Qual dos três pilares da minha vida está mais frágil? Onde estou deixando a desejar?* Talvez você tenha uma boa carreira, mas está negligenciando a saúde. Ou talvez esteja fisicamente bem, mas com dificuldades

---

[41] ROHN, J. **The Art of Exceptional Living**. Seminar, 1986. Transcrição disponível em: jimrohn.com/. Acesso em: 11 set. 2025.

[42] ROCK, D.; SCHWARTZ, J. The Neuroscience of Leadership: Breakthroughs in Brain Research Explain How to Make Organizational Transformation Succeed. **Strategy Business**, 20 maio 2026. Disponível em:www.strategy-business.com/article/06207. Acesso em: 7 set. 2025.

financeiras. O primeiro passo é reconhecer a lacuna, o elo mais fraco do momento, para então trabalhar nela com dedicação.

Estabeleça metas claras. Por exemplo, se a prosperidade é um desafio, comece a estudar finanças, a aprender sobre investimentos, a cortar gastos desnecessários e a buscar novas fontes de renda. Se a sabedoria precisa ser desenvolvida, leia livros, faça cursos e, principalmente, aplique o que aprende no dia a dia. Se a força é o pilar mais frágil, comece com exercícios físicos leves, melhore sua alimentação e crie uma rotina que fortaleça seu corpo e sua mente.

A IMPORTÂNCIA DA CONSTÂNCIA

Não adianta querer fazer tudo de uma vez e depois desistir, começar a pular atividades, "deixar para depois". A completude se constrói com consistência, e não com ações isoladas. Um homem inteiro entende que a excelência é fruto de hábitos, não de momentos de inspiração. Como disse Aristóteles: "Nós somos o que fazemos repetidamente. A excelência, portanto, não é um ato, mas um hábito".[43]

Dedique-se diariamente a melhorar 1% em cada área da sua vida. A cada pequeno progresso, você se aproxima do homem inteiro que nasceu para ser. Esse crescimento gradual, ao longo do tempo, transparecerá uma transformação poderosa. Seja o homem que não se contenta com metade de si mesmo. Busque a completude, não para ser perfeito, mas para ser inteiro. Porque, no final, é essa integridade que constrói o respeito, o legado e a verdadeira liberdade

[43] ARISTÓTELES. **Ética a Nicômaco**. São Paulo: Editora Unesp, 2004.

09.

SE VOCÊ NÃO
SE LEVANTAR
AGORA,
CONTINUARÁ
SENDO UM
ADULTO
INOFENSIVO
(E INSATISFEITO)

EVAN

CON

NSAT

Há um momento na vida de todo homem em que ele precisa decidir se continuará vivendo da maneira que sempre viveu, esperando que as coisas melhorem por si só e se frustrando com a falta de resultados, ou se vai assumir as rédeas da própria história. A diferença entre aqueles que vencem e os que permanecem estagnados está na disposição de agir. Quem espera demais antes de finalmente agir acaba afundando; quem decide se levantar, mesmo com medo, começa a subir, passo a passo.

Vivemos em uma sociedade que, muitas vezes, recompensa a mediocridade. Há um conforto disfarçado na ideia de "aceitar a vida como ela é", mas essa mentalidade é uma prisão silenciosa. Se você não se levanta, se não toma uma decisão e segue firme em seus propósitos, corre o risco de se tornar um adulto inofensivo, alguém que vive para agradar aos outros e que nunca constrói nada verdadeiramente grandioso.

A inércia é uma das forças mais destrutivas que existem: quando você se acostuma a uma vida sem desafios, começa a acreditar que esse é o único caminho possível. Mas, no fundo, sabe que está errado. Sem desafio não há desenvolvimento. Apesar da aparente tranquilidade que esse caminho apresenta, uma hora ou outra você vai sentir que poderia ser mais, fazer mais, conquistar mais.

A ciência confirma: quando você adia decisões importantes, o cérebro interpreta isso como um padrão seguro, e reforça a procrastinação com a liberação de sinais positivos e de segurança ao corpo. Pesquisas da Universidade de Calgary mostraram que homens que evitam decisões por mais de vinte e um dias ativam áreas cerebrais ligadas à fuga, não à ação.[44] Entende agora por que quanto mais você evita, mais difícil é reagir? Ficar parado não é uma maneira de se manter neutro, é um treino diário para continuar pequeno. O tempo vai passando e você começa a criar uma versão de si mesmo que é totalmente iludida, uma imagem de alguém que "poderia ser", mas que não é e nunca se aproxima de se tornar. O homem que não age alimenta um ego frágil, vive de histórias que nunca aconteceram e se convence de que um dia fará algo, só não agora.

Quantas vezes você já prometeu a si mesmo que mudaria algo e, mesmo assim, nada fez? Quantas ideias brilhantes morreram antes de você sequer começar a agir porque você estava esperando o "momento certo"? A disciplina precede o entusiasmo. Homens maduros fazem o que precisa ser feito, não o que têm vontade de fazer.

O palestrante estadunidense Tony Robbins tem uma fala que considero muito importante: "A vida muda no momento em que você toma uma decisão verdadeira".[45] E quando você entende a profundidade dessa frase, entende que a decisão de mudar para

---

[44] STEEL, P. The Nature of Procrastination: A Meta-Analytic and Theoretical Review of Self-Regulatory Failure. **Psychological Bulletin**, v. 133, n. 1, 2012. Disponível em: researchgate.net/publication/6598646_The_nature_of_procrastination_a_meta-analytic_and_theoretical_review_of_quintessential_self-regulatory_failure_Psychol_Bull_133_65-94. Acesso em: 7 set. 2025.

[45] ROBBINS, T. **Poder sem limites**: a nova ciência do sucesso pessoal. São Paulo: BestSeller, 2019.

melhor não pode ser adiada. A cada dia que você posterga, está reforçando o hábito da estagnação.

Sei que você foi criado para ser muito mais do que isso. Seus filhos precisam de um pai presente e inspirador. Sua esposa ou parceira espera por alguém que não apenas fala, mas age com integridade. E você mesmo precisa se olhar no espelho e reconhecer um homem que não foge das próprias responsabilidades. Mas isso significa enfrentar os próprios medos, abandonar desculpas e agir mesmo quando tudo parece estar contra você.

Quando você evita responsabilidades, está negando a si mesmo a chance de crescer, algo que é corroborado por Jordan Peterson, que afirma que o homem precisa carregar o fardo da vida com dignidade, porque é isso que dá sentido à existência.[46] A verdadeira realização não está em uma vida sem problemas, mas na capacidade de enfrentar problemas com firmeza. E firmeza não é ausência de dúvida, mas a coragem de continuar mesmo assim. Você não precisa estar 100% certo para agir, precisa estar 100% comprometido com o seu desenvolvimento. Esse é o marco entre um homem inofensivo e um homem em evolução.

Não espere mais. Não espere pelo próximo ano, pelo próximo mês ou pelo próximo dia. O momento de agir é agora. A cada minuto que você adia uma decisão importante, alguém mais determinado está avançando, construindo o que você ainda está apenas imaginando.

Pense nos momentos em que você se sentiu vivo, confiante e poderoso. Eles aconteceram quando você agiu, não quando ficou parado. Ação gera confiança. Confiança gera resultados. Resultados alimentam ainda mais a ação, e assim o ciclo positivo começa.

---

[46] PETERSON, J. *op. cit.*

E isso é mais que metáfora: é fisiologia. Um estudo publicado no *Journal of Behavioral Therapy* mostrou que homens que realizam pequenas metas diárias, como treinar, estudar ou cumprir uma tarefa difícil, têm aumento de até 22% nos níveis de dopamina em dez dias de ação. Esse pico químico reforça a motivação e a sensação de poder pessoal.[47] Isso mostra que ação não só muda sua realidade externa, mas reprograma o cérebro para vencer.

Levantar-se não significa fazer tudo de uma vez. Significa começar pelo que está ao seu alcance. Pode ser organizar suas finanças, iniciar um treino físico, aprender uma nova habilidade ou ter uma conversa difícil que você vem evitando. Lao Tsé já falava da importância do primeiro passo: "Uma jornada de mil milhas começa com um único passo".[48] Lute por pequenas vitórias. Cada ação concluída, por menor que pareça, fortalece sua mente e mostra que você é capaz de mais. E, aos poucos, o homem inofensivo dá lugar a alguém resiliente, decidido e respeitado.

Você pode continuar vivendo como está, fingindo que está tudo bem, ou pode decidir agora que sua vida será diferente. Essa escolha é exclusivamente sua. Ninguém virá resgatá-lo. O respeito que você deseja começa quando você se respeita o suficiente para agir.

A vida de um homem não termina quando o coração para de bater, ela continua reverberando em gestos que permanecem nos outros, ecoando nos silêncios de quem ficou, transbordando para além da própria existência como um rio sem margens definidas.

---

[47] ELLIOTT, A. J.; CHURCH, M. A. Achievement Goals and the Hierarchical Model of Approach–Avoidance Motivation. **Journal of Behavioral Therapy and Experimental Psychiatry**, v. 59, 2017.

[48] LAO TSÉ. **Tao Te Ching**. São Paulo: Mantra, 2016.

Cada escolha feita hoje, por mais rotineira que pareça, molda delicadamente o amanhã de alguém, um filho, um amigo, uma mulher que confia, até um desconhecido que observa à distância.

Talvez por isso os valores que você cultiva em silêncio se tornem as marcas mais profundas e duradouras. Não estamos falando de posses, números em contas bancárias ou títulos, mas daquilo que não se vê e, ainda assim, pesa, ou até liberta. É a herança invisível: impossível de medir, mas tangível em cada gesto herdado, em cada palavra que ecoa de geração em geração, em cada decisão que hoje parece pequena e amanhã se transforma em estrutura de caráter.

Você pode ter construído uma casa, mas o que seus filhos vão lembrar é se você era abrigo. Pode deixar investimentos, mas o que realmente os sustentará é se você investiu tempo, princípios, presença naqueles que você ama. O que restará quando seu nome for apenas lembrança nas conversas de domingo?

Todo homem legará algo. Uns deixam dívidas emocionais; outros, cicatrizes; outros ainda deixam exemplos, raízes, caminhos abertos para que os que vierem depois caminhem com mais firmeza. E você? Está construindo um legado que será lembrado com peso ou com saudade? Com dor ou gratidão? Com vergonha ou orgulho?

Talvez você ainda esteja em construção, enxergue erros para corrigir, feridas para fechar, definições de força, sabedoria e prosperidade para aprofundar. Tudo bem. Ainda há tempo. Comece com o básico: cuide, proveja, proteja, honre sua palavra, aprenda a dizer não mesmo quando sabe que seria mais fácil se calar; a abrir mão quando seria mais tentador impor-se. Viva consciente de que sua vida nunca será só sua, porque todo homem sempre prepara o terreno para quem virá depois. Inspire, oriente, sustente.

Se ainda não souber por onde começar, respire fundo, encare o espelho e assuma a nobre responsabilidade de forjar uma história digna, uma vida que, mesmo depois do fim, ainda tenha muito a oferecer. Não por vaidade, mas porque isso é o que a vida espera de você. Seus filhos, sua família e você mesmo merecem ver o homem que você pode se tornar.

Se você se levantar hoje, já começará a escrever essa história diferente, uma história de coragem, ação e legado, repleta de orgulho de quem você verdadeiramente é.

RESPIRE FUNDO,
ENCARE O ESPELHO
E ASSUMA A NOBRE
RESPONSABILIDADE
DE FORJAR UMA
HISTÓRIA DIGNA.

HOMENS FORTES, SÁBIOS E PRÓSPEROS
@HOLZERFILIPPE

O CÓDIGO IMPLACÁVEL: OS TRAÇOS PSICOLÓGICOS DOS HOMENS FORTES, SÁBIOS E PRÓSPEROS

Depois de percorrermos este caminho de desenvolvimento resiliente e incansável, é hora de consolidar tudo o que falamos aqui em algo maior: um código de conduta. Não é um simples manual de regras, mas uma definição de identidade. Um conjunto de traços que, quando vividos, moldam homens fortes, sábios e prósperos. Apresento a você o código implacável. Ele não é para ser decorado, mas encarnado. Não é para impressionar, mas para transformar.

A seguir, vou listar, dentro dos três pilares que trabalhamos – força, sabedoria, prosperidade – características intrínsecas ao homem verdadeiro, aquele que não aceita ficar escondido dentro de camadas de medo e conformismo impostos pela sociedade. Ao final, apresentarei também algumas características transversais, que ligam dois ou mais pilares.

a missão de ser muralha entre os seus e o caos.

Provedor – Não é apenas aquele que traz dinheiro, é o que sustenta ambientes, constrói caminhos, abre oportunidades. Provê recursos, mas também orientação, exemplo e confiança. Mais do que sustentar dependentes, seu foco é construir independentes. É o esteio silencioso que garante dignidade aos seus.

Líder – Liderar é mais do que mandar. É servir, decidir, sustentar. O líder assume as consequências, não se esconde atrás do grupo. Inspira pela coerência, orienta pelo exemplo, fala a verdade mesmo quando dói. Sua bússola é o propósito, não o trono.

Resoluto – O homem resoluto não vive de talvez. Decide com firmeza, sustenta sua palavra, constrói confiança. Sua vida não é folha ao vento: é âncora mesmo em mar revolto.

Autossuficiente – Autossuficiência não é orgulho, é maturidade. É saber viver sem depender constantemente dos outros. É ser funcional, inteiro, responsável por si.

Responsável – Espinha dorsal do caráter masculino, a responsabilidade é fator que o homem verdadeiro não terceiriza, não culpa, não foge. Ele assume, resolve, honra.

SABEDORIA

- **Sábio:** alguém que não se satisfaz com a superfície, ele busca essência, mergulha no conhecimento, honra tradições, aprende com erros do passado. Sua sabedoria é estratégica: serve para construir, não para exibir.
- **Ponderado:** é quem escuta, analisa e reflete antes de reagir. Evita guerras desnecessárias, mas luta quando é preciso. Equilíbrio é sua maior força.
- **Prudente:** entende que a vida é feita de pequenas inclinações. Ele ajusta as velas antes da tempestade, age com estratégia e evita o veneno da pressa.
- **Culto:** ao contrário do que podem pensar, ele não é pedante, é generoso com seu saber. Valoriza história, filosofia, arte e cultura como alimento da alma. Ele traduz conhecimento em vida, conecta passado, presente e futuro.
- **Refinado:** percebe nuances, valoriza profundidade, busca o que permanece. Refinar-se é lapidar-se: menos barulho, mais essência.
- **Estratégico:** aquele que age com propósito, calcula riscos, evita batalhas inúteis. Ele prepara o terreno antes de pisar, desenha o caminho antes de andar.
- **Silencioso:** sabe que calar também é sabedoria, é saber que o silêncio não é passividade, é força contida. Quando finalmente fala, suas palavras têm autoridade.

PROSPERIDADE

- **Disponível:** é estar inteiro, com corpo, mente e coração 100% presentes. O homem disponível prioriza vínculos, valoriza tempo e governa sua agenda.
- **Ambicioso:** se bem consumida, ambição não é veneno, é combustível. O ambicioso bem resolvido deseja crescer com dignidade, sem sacrificar valores. Sua vitória é limpa, porque é construída com propósito.
- **Diligente:** é quem transforma talento em resultado. Constrói com constância, disciplina e entrega. É confiável, consistente, comprometido.
- **Comprometido:** esse é um homem de palavra. Sustenta convicções mesmo quando o entusiasmo passa. Sua presença é raiz, não vento.
- **Disciplinado:** solo da prosperidade, a disciplina é essencial para o desenvolvimento. O homem disciplinado repete ações simples até que virem identidade. Sua rotina o protege, sua constância o fortalece.

CARACTERÍSTICAS TRANSVERSAIS

- **Anfitrião:** alguém que cria espaços, promove encontros, oferece presença. Ele não espera ser convidado, convida. Não vive centrado em ser elogiado, mas em servir com generosidade.
- **Respeitável:** o respeitável não exige respeito, simplesmente conquista. Seu comportamento fala antes de qualquer título. Ele é coerente, íntegro e confiável.
- **Maduro:** o homem maduro sente tudo, mas não se deixa governar pelas emoções. Ele as reconhece, mas age com equilíbrio e clareza. É a melhor âncora emocional em tempos de caos.
- **Indigno de pena:** aquele que rejeita o papel de vítima. Não mendiga atenção, não dramatiza, não terceiriza fracassos. Prefere reconstruir em silêncio a implorar por compaixão alheia.

Essa listagem, que gosto de chamar de código de conduta implacável, deve ser sua base de inspiração para aqueles momentos em que sentir que a estagnação está tentando tomar conta. Sempre que precisar, volte a ela, releia os princípios que norteiam nossa vida de homem verdadeiro e recarregue a energia. Faça desse conteúdo o seu mantra, o seu guia para agir como um homem deve fazer, mas não se esqueça: não adianta só ler, imaginar, visualizar. O mundo não precisa de mais discursos, ele demanda ação. E essa escolha está, agora, diante de você.

10.

A MELHOR VINGANÇA É SE TORNAR INACREDITAVEL-MENTE FORTE

Se você chegou até aqui, eu já considero uma grande conquista. A maioria das pessoas desiste no meio do caminho, volta atrás quando a pressão aumenta ou se deixa levar pela rotina. Você, ao contrário, chegou ao final desta jornada de autoconhecimento em busca do melhor, de si, e isso significa que já não é mais o mesmo homem que começou a leitura.

Talvez ainda esteja longe do ideal que imagina, mas a transformação já começou, eu sei. A força que parecia algo distante hoje está mais próxima. A clareza, a sabedoria e a determinação são sementes que você plantou capítulo após capítulo, e continuarão a crescer conforme você mantiver o compromisso com as ações diárias.

A melhor forma de provar a si mesmo que mudou não é com palavras, mas com atitudes. Cada decisão que você tomar a partir de agora será um reflexo do homem que está se tornando. Se antes você esperava reconhecimento ou validação externa, agora sabe que o verdadeiro respeito vem de dentro: quando você cumpre o que promete a si mesmo, quando é firme mesmo diante do medo e quando faz o que precisa ser feito. O reconhecimento que mais importa não vem de curtidas, aplausos ou comentários em redes sociais, vem daquele momento em que você olha no espelho e sabe que não traiu a si mesmo. Que caiu, levantou e voltou a caminhar com a cabeça erguida.

Ser forte não significa vencer todos os dias, mas levantar-se todas as vezes que cair. É sobre superar a si mesmo, não sobre superar os outros. A melhor vingança contra qualquer crítica, dúvida ou obstáculo é mostrar, dia a dia, que você é inquebrável. Não há nada mais poderoso do que a confiança construída em silêncio, quando ninguém está olhando.

A vida é feita de ciclos, e este é apenas o começo de um novo capítulo. Agora que você entende a importância de unir prosperidade, sabedoria e força, o próximo passo é continuar fortalecendo esses pilares. Não espere mudanças da noite para o dia, mas confie no processo. A constância é o que diferencia os que chegam longe dos que desistem na metade do caminho. E se em algum momento você tropeçar, não desista. Levante-se, espane a poeira e siga seu caminho rumo ao sucesso. A força de um homem está em quantas vezes ele retorna ao caminho certo. Não se deixe cair na ilusão de uma constância perfeita. Voltar é um ato de coragem.

O homem que você está construindo agora não é apenas mais forte, mas também mais consciente, mais presente e mais preparado para lidar com os desafios do mundo real. Essa transformação é uma das maiores vitórias que você pode conquistar, porque muda não só a sua vida, mas também a vida das pessoas ao seu redor.

A cada pequena vitória, lembre-se de onde você começou, não esqueça os passos dados até ali: honre sua própria trajetória e a use como combustível para ir ainda mais longe. Quando alguém duvidar de você, não desperdice energia tentando provar nada. Apenas continue fazendo o que precisa ser feito. Esta é a maior e mais verdadeira prova de força pessoal.

A CONSTÂNCIA É O QUE DIFERENCIA OS QUE CHEGAM LONGE DOS QUE DESISTEM NA METADE DO CAMINHO.

Convido você a celebrar suas vitórias. E a celebração que falo não está em festas ou conquistas externas, mas na consciência tranquila de que você está se tornando alguém melhor a cada dia. A melhor vingança contra o mundo, contra as circunstâncias e contra as próprias dúvidas é se tornar tão forte e tão consistente que ninguém, nem mesmo você, possa questionar a transformação.

Agora que você tem as ferramentas e o conhecimento para seguir em frente, é meu dever alertá-lo: a jornada não acaba aqui, ela apenas muda de fase. Continue plantando, crescendo e construindo. E, acima de tudo, mantenha viva a chama da ação, porque é ela que transforma o homem comum em um homem memorável.

Nossa conversa termina aqui, mas a sua jornada não. O que você fizer com o conteúdo aprendido será o que separa mais uma leitura inspiradora de uma transformação concreta. Honre cada linha e reflexão com atitudes. O mundo precisa de homens inteiros, e agora você tem tudo para se tornar um deles.

CONTINUE
PLANTANDO,
CRESCENDO E
CONSTRUINDO.

HOMENS FORTES, SÁBIOS E PRÓSPEROS
@HOLZERFILIPPE

Este livro foi impresso pela gráfica Assahi em papel pólen 70 g/m²
em novembro de 2025.